INGLÉS
EN UN MES

14
21
22
28

AGUILAR

Título original: INGLÉS EN UN MES

PO BOX 45 44 02 Miami FL 33245-4402

De esta edición:
D.R. © 2013, Santillana USA Publishing Company, Inc.
2023 NW 84th Avenue
Doral, FL 33122
Teléfono: 305-591-9522

www.prisaediciones.com

Aguilar es un sello editorial del Grupo Santillana. Éstas son sus sedes:

Argentina
Av. Leandro N. Alem, 720
C1001AAP Buenos Aires
Tel. (54 11) 4119 50 00
Fax (54 11) 4912 74 40

Bolivia
Avda. Arce, 2333
La Paz
Tel. (591 2) 44 11 22
Fax (591 2) 44 22 08

Colombia
Calle 80, nº10-23
Bogotá
Tel. (57 1) 635 12 00
Fax (57 1) 236 93 82

Costa Rica
La Uruca
Del Edificio de Aviación Civil 200 m al Oeste
San José de Costa Rica
Tel. (506) 220 42 42 y 220 47 70
Fax (506) 220 13 20

Chile
Dr. Aníbal Ariztía, 1444
Providencia
Santiago de Chile
Telf (56 2) 384 30 00
Fax (56 2) 384 30 60

Ecuador
Avda. Eloy Alfaro, N33-347 y
Avda. 6 de Diciembre
Quito
Tel. (593 2) 244 66 56 y 244 21 54
Fax (593 2) 244 87 91

El Salvador
Siemens, 51
Zona Industrial Santa Elena
Antiguo Cuscatlan - La Libertad
Tel. (503) 2 505 89 y 2 289 89 20
Fax (503) 2 278 60 66

España
Torrelaguna, 60
28043 Madrid
Tel. (34 91) 744 90 60
Fax (34 91) 744 92 24

Estados Unidos
2023 NW 84th Avenue
Doral, FL 33122
Tel. (1 305) 591 95 22 y 591 22 32
Fax (1 305) 591 74 73

Guatemala
7ª avenida, 11-11
Zona nº 9
Guatemala CA
Tel. (502) 24 29 43 00
Fax (502) 24 29 43 43

Honduras
Colonia Tepeyac Contigua a Banco Cuscatlan - Boulevard
Juan Pablo,frente al Templo
Adventista 7º Día, Casa 1626
Tegucigalpa
Tel. (504) 239 98 84

México
Avda. Universidad, 767
Colonia del Valle
03100 México DF
Tel. (52 55) 54 20 75 30
Fax (52 55) 56 01 10 67

Panamá
Avda Juan Pablo II, nº 15.
Apartado Postal 863199, zona 7
Urbanización Industrial La Locería
Ciudad de Panamá
Tel. (507) 260 09 45

Paraguay
Avda. Venezuela, 276
Entre Mariscal López y España
Asunción
Tel. y fax (595 21) 213 294 y 214 983

Perú
Avda. San Felipe, 731
Jesús María, Lima
Tel. (51 1) 218 10 14
Fax. (51 1) 463 39 86

Puerto Rico
Avenida Roosevelt, 1506
Guaynabo 00968
Puerto Rico
Tel. (1 787) 781 98 00
Fax (1 787) 782 61 49

República Dominicana
Juan Sánchez Ramírez, nº 9
Gazçue
Santo Domingo RD
Tel. (1809) 682 13 82 y 221 08 70
Fax (1809) 689 10 22

Uruguay
Constitución, 1889
11800 Montevideo
Uruguay
Tel. (598 2) 402 73 42 y 402 72 71
Fax (598 2) 401 51 86

Venezuela
Avda. Rómulo Gallegos
Edificio Zulia, 1º. Sector Monte
Cristo. Boleita Norte
Caracas
Tel. (58 212) 235 30 33
Fax (58 212) 239 10 51

Fotografía de cubierta:
© Andrés Rodríguez | Dreamstime.com
© Thinglass | Dreamstime.com

ISBN: 978-0882-7239-2-1

Primera edición: Junio de 2013

Impreso en U.S.A.

Introducción

Estimado amigo,

Primero de todo quiero felicitarte por tu decisión de aprender inglés. Con nuestro curso te ayudaremos a hacerlo más rápida y eficazmente. Nuestro equipo de profesores ha diseñado **INGLÉS EN UN MES**, aprovechando la experiencia de haber publicado más de 25 cursos y vendido más de dos millones de copias. Son los cursos de mayor éxito en los Estados Unidos, y se lo debemos a todos ustedes. Nosotros solamente hemos escuchado lo que nuestros alumnos quieren: cursos prácticos y eficaces que les ayuden a aprender inglés de una forma entretenida y dinámica.

INGLES EN UN MES es nuestro curso más reciente. Es un curso acelerado de inglés organizado en 24 unidades muy completas que siguen un programa de estudios cuidadosamente planificado por nuestro equipo de maestros. Puedes seguir el contenido del curso de la manera que mejor se acomode a tu ritmo preferido de estudio o a tu tiempo disponible tras tus actividades diarias. Pero te proponemos completarlo en un mes, de ahí el título de este curso acelerado: **INGLES EN UN MES.**

¿Cómo completar el curso en un mes? Nuestros maestros te proponen dividir el programa del curso en cuatro bloques de una semana cada uno. Estudia seis unidades –una por día- y dedica el séptimo día de la semana a repasar lo aprendido. Completarás así todo el contenido en cuatro semanas. Al terminar las 24 unidades, te proponemos dedicar un par de días a repasar lo aprendido y así prepararte para realizar los tests finales de autoevaluación que encontrarás en la página web del curso. Así, en 30 días –es decir, un mes- podrás estar hablando inglés.

Si hablas bien inglés tendrás más oportunidades en tu vida personal y profesional. No esperes más. Arranquemos ya la gratificante tarea de aprender un nuevo idioma. Estaremos a tu disposición todo el tiempo, tanto en la web del curso como por correo electrónico.

Con cariño,

Andrea Massarani
info@trialtea.com
www.InglesEnUnMes.com

ÍNDICE

ÍNDICE

ÍNDICE

ÍNDICE

ÍNDICE

ÍNDICE

UNIDAD 1

Where are you from?

¿De dónde eres?

UNIDAD 1

Where are you from?

¿De dónde eres?

En esta unidad aprenderás a expresarte con fluidez cuando necesites:

Hablar sobre nacionalidades, idiomas y lugar de procedencia

Presentar a alguien informalmente

Hablar sobre trabajo

Expresar interés en una conversación

Además, te explicaremos de manera simple y clara estos temas gramaticales:

- el verbo **to be** en afirmativo y negativo. Las contracciones;
- el uso de ***a*** y ***an***;
- el uso de las preposiciones **in** y **at**.

Let's talk!

Mónica es colombiana y se encuentra en los Estados Unidos para buscar trabajo como enfermera. Se inscribió en un curso de inglés y, durante un descanso, conversa en la cafetería con Lena y Clara, otras dos estudiantes.

Lee el siguiente diálogo

Lena:	Hi, **where** are you **from**?
Mónica:	I'm **Colombian**.
Lena:	Oh, **are** you **from** Bogotá?
Mónica:	**No, I'm not**. I **was born in** Cali, and **raised** in Medellín. **And you?**
Lena:	**I'm from** Stockholm, **in** Sweden.
Mónica:	**Wow! Really**? I hear Stockholm is very beautiful...
Lena:	Yes, it is. (Greeting a friend) Hi, Clara! Join us! Mónica, **this is** Clara... She's my roommate...
Mónica:	Hi, **nice to meet you**.
Clara:	**Nice to meet you,** too. **Where are you from**?
Mónica:	I'm from Colombia. And you?
Clara:	Oh, I'm from Guatemala... ¡Podemos hablar en español!
Lena:	Uh-oh... I don't speak **Spanish**...
Clara:	I know, I know, it's okay... **Are you** also **taking** the Advanced **English** course?
Mónica:	**No, I'm not**. I'm preparing for the TOEFL test. I'm **a nurse** and I want to pass that test to look for a job here.
Clara:	Oh, my sister Paula is a nurse, too. She works **at** the New York Hospital. Maybe she can help you get a job there.
Mónica:	**That would be great**! **What do you do?**
Clara:	I'm **a Spanish** teacher. I work **at** Bayside High School.
Mónica:	Oh, **that sounds interesting**. I'll bet that keeps you busy! And you, Lena? **What's your job?**
Lena:	**I'm a computer programmer**. I **work for an** IT company **on** Queens Boulevard.

Traducción del diálogo

Lena: *Hola, ¿**de dónde eres**?*

Mónica: *Soy **colombiana**.*

Lena: *Ah, ¿**eres de** Bogotá?*

Mónica: *No, **no lo soy**. **Yo nací** en Cali y me crié en Medellín. ¿**Y tú**?*

Lena: ***Yo soy de** Estocolmo, **en** Suecia.*

Mónica: *¡**Guau**! ¿**En serio**? Me dijeron que Estocolmo es muy bonito...*

Lena: *Sí, **lo es**. (Saludando a una amiga) ¡Hola, Clara! ¡Ven con nosotras! Mónica, **te presento** a Clara... Ella es mi compañera de cuarto...*

Mónica: *Hola, **encantada de conocerte**.*

Clara: ***Encantada de conocerte a ti también**. ¿**De dónde eres**?*

Mónica: ***Soy de** Colombia. ¿Y tú?*

Clara: ***Yo soy de** Guatemala... ¡Podemos hablar en español!*

Lena: *Eh... Yo no hablo **español**...*

Clara: *Lo sé, lo sé, está bien... ¿Tú también estás tomando el curso Avanzado de **inglés**?*

Mónica: ***No.** Me estoy preparando para el examen TOEFL. Soy **enfermera** y quiero aprobar ese examen para buscar un trabajo aquí.*

Clara: *Ah, mi hermana Paula también es enfermera. Ella trabaja **en** el New York Hospital. Quizás pueda ayudarte a conseguir un trabajo allí.*

Mónica: *¡**Sería fantástico**! ¿**Tú a qué te dedicas**?*

Clara: *Soy profesora de **español**. Trabajo **en** la Bayside High School.*

Mónica: ***Eso parece interesante**. ¡Apuesto a que te mantiene ocupada! ¿Y tú, Lena? ¿**De qué trabajas**?*

Lena: ***Soy programadora de computación**. **Trabajo para** una empresa de tecnología informática **en** Queens Boulevard.*

Say it in English!

Estudiemos en detalle cómo se usan algunas de las expresiones que acabas de leer en el diálogo.

a Presentaciones informales.

- Si te **presentas a ti mismo**, puedes decir:

My name is Mónica Rivera.
Mi nombre es Mónica Rivera.

Hi, **I'm** Mónica.
*Hola, **yo soy** Mónica.*

- Cuando **presentas a otra persona informalmente**, tienes estas alternativas:

Mónica, **this is** Clara.
*Mónica, **ella es** Clara.*

Do you know Mónica?
*¿**Conoces** a Mónica?*

- Cuando **te han presentado a alguien**, puedes contestar:

Nice to meet you, Clara.
***Encantada de conocerte**, Clara.*

Nice to meet **you too**.
*Encantada de conocerte **a ti también**.*

b Hay expresiones que sirven para **demostrar interés** en lo que otra persona está diciendo:

L: I'm from Stockholm, in Sweden.

M: **Oh, really**? I hear Stockholm is very beautiful. **Wow! Really?**

L: Yo soy de Estocolmo, en Suecia.

*M: Ah...**¿En serio?** Me dijeron que Estocolmo es muy linda. **¡Guau!¿En serio?***

C: I'm a Spanish teacher. I work at Bayside High School.

M: Oh, **that sounds interesting**.

C: Soy profesora de español. Trabajo en la Bayside High School.

*M: ¡Ah! **Eso parece interesante**.*

C Las nacionalidades y los idiomas

I'm Puerto Rican. *Soy puertorriqueña.*

- Lee esta **lista de países** y aprende cómo decir su **nacionalidad** y su **idioma**.

Country *(país)*	**Nationality** *(nacionalidad)*	**Language** *(idioma)*
Argentina	Argentinian *(argentino/a)*	Spanish *(español)*
Brazil *(Brasil)*	Brazilian *(brasileño/a)*	Portuguese *(portugués)*
Colombia	Colombian *(colombiano/a)*	Spanish *(español)*
China	Chinese *(chino/a)*	Chinese *(chino)*
Dominican Republic *(República Dominicana)*	Dominican *(dominicano/a)*	Spanish *(español)*
England *(Inglaterra)*	English *(inglés/a)*	English *(inglés)*
Guatemala	Guatemalan *(guatemalteco/a)*	Spanish *(español)*
Greece *(Grecia)*	Greek *(griego/a)*	Greek *(griego)*
Italy *(Italia)*	Italian *(italiano/a)*	Italian *(italiano)*
Japan *(Japón)*	Japanese *(japonés/a)*	Japanese *(japonés)*
Korea *(Corea)*	Korean *(coreano/a)*	Korean *(coreano)*
Mexico *(México)*	Mexican *(mejicano/a)*	Spanish *(español)*
Puerto Rico	Puerto Rican *(puertorriqueño/a)*	Spanish *(español)*
United States *(Estados Unidos)*	American *(americano/a)*	English *(inglés)*

Los americanos llaman **Hispanic** o **Latino** (o **Latin**) a quien proviene de un país donde se habla español o a todo lo relacionado con la cultura de esos países. Fíjate en estas frases comunes:

Latin restaurant (restaurante latino)

Latin food (comida latina)

Latin music (música latina)

Hispanic community (comunidad hispana)

Hispanic population (población hispana)

Hispanic market (mercado hispano)

Las nacionalidades y los idiomas se escriben siempre con mayúscula. **Recuerda**

 Cuando quieres saber de qué **nacionalidad** es una persona, puedes preguntar:

Where are you from?
¿De dónde eres?

- Si ya tienes una idea, podrás decir:

Are you Mexican?
¿Eres mexicano?

Are you Cuban? / *¿Eres cubana?*

- Para responder, dirás:

I'm from Venezuela.
Soy de Venezuela.

I'm Nicaraguan.
Soy nicaragüense.

- También podrás dar más detalles:

I **was born** in Cali. / ***Nací*** *en Cali.*

I **grew up** in Medellín.
Crecí *en Medellín.*

I **live** in New York. / ***Vivo*** *en Nueva York.*

I was born and raised in Buenos Aires.
Nací y me crié *en Buenos Aires.*

 **Hablemos sobre trabajos.** Fíjate la pregunta que puedes hacer para conocer cuál es el trabajo de una persona:

What do you do?
¿Qué haces? / ¿A qué te dedicas?

What's your job?
¿Cuál es tu trabajo?

La respuesta puede ser:

I work for the New York Hospital.
Trabajo para *el New York Hospital.*

I work at Bayside High School.
Trabajo en *la Bayside High School.*

I'm a computer programmer.
Soy *programadora de computación.*

Grammar Notes

Lee atentamente estos apuntes claros y breves sobre los temas gramaticales que aparecen en el diálogo.

a Veamos ahora cuáles son los **pronombres personales** que se usan para **nombrar personas, animales, cosas o situaciones**:

I:	Yo
You:	Tú / Usted
He:	Él
She:	Ella
It:	para nombrar animales, cosas y situaciones; normalmente no se traduce al español.
We:	Nosotros/Nosotras
You:	Ustedes
They:	Ellos/Ellas

My sister is a nurse.
Mi hermana *es enfermera.*

She is a nurse.
Ella *es enfermera.*

Lena and **Clara** are roommates.
Lena *y* ***Clara*** *son compañeras de habitación.*

They are roommates.
Ellas *son compañeras de habitación.*

The company is on Queens Boulevard.
La empresa *está en Queens Boulevard.*

It is on Queens Boulevard.
(Eso) está en Queens Boulevard.

El verbo **to be.**

El verbo **to be** tiene dos significados: *ser* y *estar*. Fíjate como se usa:

I **am** *(yo soy o estoy)*
You **are** *(usted es o está)* *(tú eres o estás)*
He **is** *(él es o está)*
She **is** *(ella es o está)*
It **is** *(eso/esa es o está)*
We **are** *(nosotros/nosotras somos o estamos)*
You **are** *(ustedes son o están)*
They **are** *(ellos/ellas son o están)*

El verbo **to be** puede unirse, sobre todo cuando hablas, con las palabras que lo preceden mediante un **apóstrofo (')**, que aparece en lugar de la vocal que no se pronuncia.

Estas uniones se llaman «**contracciones**» y se usan cuando hablas para que tu tono sea más **amistoso** y **coloquial**.

La forma completa se usa en casos puntuales para dar énfasis.

-Veamos cómo se contrae el verbo cuando se usa con los pronombres personales en las afirmaciones. I **am** / I'**m**
You **are** / You'**re**
He **is** / He'**s**
She **is** / She'**s**
It **is** / It'**s**
We **are** / We'**re**
You **are** / You'**re**
They **are** / They'**re**

-Ejemplos del verbo **to be** con el significado *ser*:

I'm Korean.
***Soy** coreana.*

She's a nurse.
***Ella es** enfermera.*

They're roommates.
***Ellos son** compañeros de habitación.*

-Ejemplos del verbo **to be** con el significado *estar*:

She's at the language center.
***Ella está** en el centro de idiomas.*

We're at the cafeteria.
***Nosotros estamos** en la cafetería.*

You're in the United States.
***Tú estás** en los Estados Unidos.*

C Las **negaciones** se forman agregando **not** después del verbo **to be**:

I **am not** from Bogotá.
*Yo **no soy** de Bogotá.*

You **are not** Salvadorean.
*Tú **no eres** salvadoreña.*

He **is not** a teacher.
*Él **no es** profesor.*

She **is not** at the airport.
*Ella **no está** en el aeropuerto.*

It **is not** a hospital.
***No es** un hospital.*

We **are not** American.
*Nosotros **no somos** americanos.*

You **are not** a nurse.
*Tú **no eres** enfermera.*

They **are not** doctors.
Ellos **no son** médicos.

Existen dos maneras de formar las **contracciones en las negaciones** (con todos los pronombres, excepto con **I**, que admite una sola forma). Lee como se forman:

I am not	I'**m not**	I'**m not** from Nicaragua.
You are not	You'**re not**/You **aren't**	You **aren't** Argentinian.
She is not	She'**s not**/She **isn't**	She'**s not** a teacher.
He is not	He'**s not**/He **isn't**	He **isn't** at the airport.
It is not	It'**s not**/It **isn't**	It'**s not** my bag.
We are not	We'**re not**/We **aren't**	We'**re not** teachers.
You are not	You'**re not**/You **aren't**	You'**re not** from Mexico.
They are not	They'**re not**/They **aren't**	They **aren't** nurses.

e Las preposiciones de lugar **in** y **at**:

-In (en) significa que algo o alguien está **dentro de un espacio cerrado o con límites**.

in the classroom
__en__ el aula

in the park
__en__ el parque

in the city
__en__ la ciudad

in Queens / ***en** Queens*

in the U.S.
__en__ los Estados Unidos

in the sea / ***en** el mar*

Fíjate también en estos ejemplos:

I'm **in my car**.
*Estoy **en mi auto**.*

We're **in the bookstore**.
*Estamos **en la librería**.*

She's **in bed**.
*Ella está **en la cama**.*

They live **in the country**.
*Ellos viven **en el campo**.*

-At (en) indica que algo o alguien se encuentra ubicado en algún lugar cercano **a otro lugar u objeto que se toma como referencia**.

at the entrance
***en** la puerta de entrada*

at the bus stop
***en** la parada de autobús*

at the traffic light
***en** el semáforo*

at her desk
***en** su escritorio*

- Con lugares como **aeropuerto, hotel, restaurante, cine, teatro**, etc., o sus nombres:

at the language center
***en** el centro de idiomas*

at school
***en** la escuela*

at the JFK airport
***en** el aeropuerto JFK*

at the Beverly Hills Hotel
***en** el hotel Beverly Hills*

- Se usa también en estos casos:

She's **at home**.
*Ella está **en su casa**.*

They're **at work**.
*Ellas están **en el trabajo**.*

They're **at a party**.
*Ellos están **en una fiesta**.*

UNIDAD 2

I want to check in, please

Quiero registrarme, por favor

UNIDAD 2

I want to check in, please

Quiero registrarme, por favor

En esta unidad aprenderás a expresarte con fluidez cuando necesites:

Chequear o buscar información

Expresar satisfacción

Dirigirte respetuosamente a una persona

Desear una buena estadía

Hablar sobre fechas, meses, días

Además, te explicaremos de manera simple y clara estos temas gramaticales:

- el uso de **would** y **will** para hacer pedidos amables;
- el uso de **there is**.

Let's talk!

Carlos Vallejos es director de ventas de programación de Mexicana Producciones, una empresa mexicana de medios. Ha venido a los Estados Unidos para vender las telenovelas que produce su empresa a las cadenas de televisión de habla hispana. Acaba de llegar al hotel en Los Ángeles y llama por teléfono para concertar una cita de negocios.

Lee el siguiente diálogo

Front desk clerk:	Good afternoon, **sir**. May I help you?
Carlos:	Good afternoon. Yes, please, I want to check in. **My name is** Carlos Vallejos. This is the email you sent me with the reservation confirmation.
FDC:	**Let me check**... Yes, Mr. Vallejos, of Mexicana Producciones, Mexico DF. It's for a single room **from Monday, November 10th through Saturday, November 15th**.
Carlos:	That's right.
FDC:	**Would** you please fill in the guest registration card? We just need your name, and your passport and phone numbers. Then, sign here, please.
Carlos:	**Okay**.
FDC:	Your credit card, please...
Carlos:	Sure. Here you go.
FDC:	Great, thank you. **Just a moment**. Okay, here's your credit card and your room key. It's room **372**, on the **third** floor. The elevators are over there, to your left. Leave your baggage here, the bellman will take it up to your room.
Carlos:	Thank you. **What time** do you serve breakfast?
FDC:	**From 6 to 10**, at our main restaurant.
Carlos:	Oh, **would you** give me an **8 a.m.** wake-up call, please?
FDC:	Of course.
Carlos:	**Great**. And one last question... **Is there** a wi-fi connection in the room?
FDC:	Yes, sir. **There's** Internet access in all rooms.
Carlos:	Okay, great, thanks.
FDC:	Our pleasure. **Enjoy your stay**.

Traducción del diálogo

Recepcionista:	*Buenas tardes, **señor**. ¿En qué puedo ayudarlo?*
Carlos:	*Buenas tardes. Quiero registrarme, por favor. **Mi nombre es** Carlos Vallejos. Este es el correo electrónico que me enviaron con la confirmación de la reserva.*
Recep.:	***Permítame chequear**... Sí, señor Vallejos, de Mexicana Producciones, México DF. Es por una habitación simple, **desde el lunes 10 de noviembre hasta el sábado 15 de noviembre**.*
Carlos:	*Así es.*
Recep.:	*¿**Podría** por favor completar la tarjeta de registro? Solo necesitamos su nombre y el número de su pasaporte y de su teléfono. Luego firme aquí, por favor.*
Carlos:	***De acuerdo**.*
Recep.:	*Su tarjeta de crédito, por favor...*
Carlos:	*Sí. Aquí la tiene.*
Recep.:	*Muy bien, gracias. **Un momento**, por favor. Bien, aquí está su tarjeta de crédito y la llave de su habitación. Es la habitación **372**, en el **tercer** piso. Los ascensores están por allá, a su izquierda. Deje su equipaje aquí, el botones lo llevará hasta su habitación.*
Carlos:	*Muchas gracias. ¿**A qué hora** sirven el desayuno?*
Recep.:	***Desde las 6 hasta las 10**, en nuestro restaurante principal.*
Carlos:	*Ah, ¿**podrían despertarme a las 8 de la mañana,** por favor?*
Recep.:	*Por supuesto.*
Carlos:	***Muy bien**. Y una última pregunta... ¿**Hay** una conexión inalámbrica de Internet en la habitación?*
Recep.:	*Sí, señor. Hay acceso a Internet en todas las habitaciones.*
Carlos:	*Muy bien, fantástico, gracias.*
Recep.:	*El placer es nuestro. **Disfrute su estadía**.*

Say it in English!

Estudiemos en detalle cómo se usan algunas de las expresiones que acabas de leer en el diálogo.

a Estas expresiones pueden usarse cuando estás **chequeando o buscando información**:

Let me check.
***Permítame/Déjeme** chequear.*

Let me see.
***Permítame/Déjeme** ver.*

Just a minute, please.
***Un minuto**, por favor.*

Just a moment, please.
***Un momento**, por favor.*

Hang on, please. (más informal)
***Espere**, por favor.*

Let me check... Yes, here's your reservation, Mr. Vallejos.
Permítame chequear... Sí, aquí está su reserva, señor Vallejos.

Just a minute. **Okay**, here's your credit card and your room key.
Un minuto. Bien, aquí está su tarjeta de crédito y la llave de su habitación.

Let me see...Yes, Mr. Vallejos. A single room for two days.
Déjeme ver...Sí, señor Vallejos. Una habitación simple por dos días.

b Cuando **quieres expresar satisfacción** por algo que te han dicho, puedes usar la palabra **Great:**

FDC: Breakfast is served from 6 to 10, at our main restaurant.
C: **Great**.
R: El desayuno se sirve desde las 6 hasta las 10, en nuestro restaurante principal.
*C: **Fantástico/Perfecto/Muy bien**.*

c Cuando queremos **dirigirnos respetuosamente hacia un hombre o una mujer**, debemos usar **sir** (señor) o **madam** (señora/señorita):

Good morning, **sir**.
*Buenos días, **señor**.*

Good afternoon, **madam**.
*Buenas tardes, **señora**.*

Good afternoon, **ma'am**
(forma abreviada)

Para **desear una buena estadía**, se puede decir:

Enjoy your stay with us.
Disfrute su estadía con nosotros.

Enjoy your stay.
Disfrute su estadía.

Days of the week
Los días de la semana

Monday	*(lunes)*
Tuesday	*(martes)*
Wednesday	*(miércoles)*
Thursday	*(jueves)*
Friday	*(viernes)*
Saturday	*(sábado)*
Sunday	*(domingo)*

Months of the year
Los meses del año

January	*Enero*
February	*Febrero*
March	*Marzo*
April	*Abril*
May	*Mayo*
June	*Junio*
July	*Julio*
August	*Agosto*
September	*Septiembre*
October	*Octubre*
November	*Noviembre*
December	*Diciembre*

Recuerda

Los días se escriben siempre con mayúscula, y debes usarlos con la preposición **on**:

On Monday / El lunes
On Friday / El viernes

Recuerda

Los meses se escriben siempre con mayúscula, y debes usarlos con la preposición **in**:

In October / En octubre
In December / En diciembre

Numbers from 1 to 50 / *Los números del 1 al 50*

1	one
2	two
3	three
4	four
5	five
6	six
7	seven
8	eight
9	nine
10	ten
11	eleven
12	twelve
13	thirteen
14	fourteen
15	fifteen
16	sixteen
17	seventeen
18	eighteen
19	nineteen
20	twenty
21	twenty-one
22	twenty-two
23	twenty-three
24	twenty-four
25	twenty-five
26	twenty-six
27	twenty-seven
28	twenty-eight
29	twenty-nine
30	thirty
40	forty
50	fifty

Recuerda

Los números compuestos se escriben con un guión en el medio: Twenty-three; thirty-one

The time / *La hora*

Para preguntar la hora, dices: **What time** is it? / **What's the time**?
¿Qué hora es?

Y puedes contestar:

It's 6 o'clock.
Son las 6.
6 o'clock.
Las 6.

o'clock *(en punto)*

to *(menos)* — after *(y)*

a quarter after *(y cuarto)* — a quarter to *(menos cuarto)*

to *(menos)* — after *(y)*

half past *(y media)*

Excepto la **hora en punto**, que se dice **o'clock**, se puede decir la hora de dos maneras:	**a** - usando **after** (y), **half past** (y media) y **to** (menos): en estos casos, los minutos se dicen primero.
	b - leyendo los números en el orden en que aparecen.

- Lee como se dicen estas horas:		
It's six **o'clock**	6:00	Son las seis en punto
a) ten **after** six b) six ten	6:10	Seis **y** diez
a) **a quarter after** six b) six fifteen	6:15	Seis **y cuarto**
a) twenty **after** six b) six twenty	6:20	Seis **y** veinte
a) **half past** six b) six thirty	6:30	Seis **y media**
a) twenty-five **to** seven b) six thirty-five	6:35	Siete **menos** veinticinco
a) a quarter **to** seven b) six forty-five	6:45	Siete **menos** cuarto

Puedes usar **a.m.** si es antes de las 12 del mediodía:

It's 5 o'clock **a.m./ in the morning**.
Son las 5 de la mañana.

Y **p.m.** si es después de las 12 del mediodía:

It's 5 o'clock **pm/ in the afternoon**.
Son las 5 de la tarde.

Recuerda

La preposición que usas con la hora es **at**:

See you **at** 5
*Te veo **a** las 5*

The plane leaves **at** 8:30
*El avión parte **a** las 8:30*

- Para expresar **entre qué horas** sucede algo, puedes usar:

From ... to
From ... through
desde ... hasta

C: What time do you serve breakfast?
C: ¿A qué hora sirven el desayuno?

FDC: **From** 6 **to** 10.
*FDC: **Desde** las 6 **hasta** las 10.*

Your reservation is **from** Monday **through** Saturday.
*Su reserva es **desde** el lunes **hasta** el sábado.*

Ordinal numbers
Los números ordinales

1st	fir**st**	primero
2nd	seco**nd**	segundo
3rd	thi**rd**	tercero

Todos los demás números ordinales se forman agregando **-th** al final del número cardinal:

4th	four**th** (cuarto)
5th	fif**th** (quinto)
6th	six**th** (sexto)
7th	seven**th** (séptimo)
8th	eigh**th** (octavo)
9th	nin**th** (noveno)
10th	ten**th** (décimo)
11th	eleven**th** (undécimo)
12th	twelf**th** (duodécimo)
13th	thirteen**th** (decimotercero)
14th	fourteen**th** (decimocuarto)
15th	fifteen**th** (decimoquinto)
16th	sixteen**th** (decimosexto)
17th	seventeen**th** (decimoséptimo)
18th	eighteen**th** (decimoctavo)
19th	nineteen**th** (decimonoveno)
20th	twentie**th** (vigésimo)

En los **números compuestos, el número ordinal se coloca al final:**

21st	twenty-**first** (vigesimoprimero)
22nd	twenty-**second** (vigesimosegundo)
23rd	twenty-**third** (vigesimotercero)
24th	twenty-**fourth** (vigesimocuarto)
25th	twenty-**fifth** (vigesimoquinto)
26th	twenty-**sixth** (vigesimosexto)
27th	twenty-**seventh** (vigesimoséptimo)
28th	twenty-**eighth** (vigesimoctavo)
29th	twenty-**ninth** (vigesimonoveno)
30th	**thirtieth** (trigésimo)
31st	thirty-**first** (trigesimoprimero)

Se usan para:
indicar el orden en que algo sucede o está ubicado:

Thanksgiving Day is the **fourth** Thursday in November.
*El día de Acción de Gracias es el **cuarto** jueves de noviembre.*

decir las **fechas**:

You have a reservation for August 12th.
Usted tiene una reserva para el 12 de agosto.

indicar los **pisos** de un edificio:

Your room is on the **third** floor.
*Su habitación está en el **tercer** piso.*

j Dates / *Las fechas*

-Con las fechas, se usan siempre los **números ordinales**. Puedes escribirlos de dos maneras:

December 25th/ 25
July 4th / 4

Pero siempre debes leerlo como número ordinal:

December twenty-fifth.
July fourth.

- En Estados Unidos, el orden para escribir una fecha con números es **mes + día**:

December 25th 2008

12/25/2008

July 4th 2008

7/4/2008

Recuerda

La preposición que usas con las fechas es **on**:

My birthday is **on** July 18.
*Mi cumpleaños es **el** 18 de julio.*

I'm leaving **on** October 27th.
*Me voy **el** 27 de octubre.*

Grammar Notes

Lee atentamente estos apuntes claros y breves sobre los temas gramaticales que aparecen en el diálogo.

a Para **pedirle a alguien que haga algo**, se pueden usar estos auxiliares:

Would	**Will** (más informal)

Would you send breakfast to my room?
*¿**Me enviaría** el desayuno a mi habitación?*

Will you sign here, please?
*¿**Firmaría** aquí, por favor?*

b El verbo **haber** en singular: **There is**

- Cuando te refieres a un solo objeto, **haber** se dice **there is**:

There is a restaurant across the lobby.
Hay *un restaurante cruzando el lobby.*

There is a swimming pool on the tenth floor.
Hay *una pileta de natación en el piso 10.*

- Para formar **oraciones negativas**, se agrega **not** al final. Al hablar, usarás la forma contraída:

There **is not** ——> There **isn't**

There isn't wi-fi in my room.
No hay *conexión inalámbrica a Internet en mi habitación.*

- Para hacer **preguntas**, el verbo **to be** se coloca delante de **there**.

There is a jacuzzi.
Hay *un jacuzzi.*

Is there a jacuzzi?
*¿**Hay** un jacuzzi?*

- Para **contestar con respuestas cortas**, podrás decir:

Is there a spa? / *¿Hay un spa?*

Yes, there is. / *Sí, hay.*

No, there isn't. / *No, no hay.*

UNIDAD 3

Are you here on vacation?

¿Está usted aquí de vacaciones?

UNIDAD 3

Are you here on vacation?

¿Está usted aquí de vacaciones?

En esta unidad aprenderás a expresarte con fluidez cuando necesites:

Saludar

Llamar la atención de alguien

Agradecer y contestar un agradecimiento

Pedir disculpas

Pedir por favor

Entregar algo

Además, te explicaremos de manera simple y clara estos temas gramaticales:

- *el verbo* **to be** *en preguntas;*
- *los adjetivos posesivos;*
- *los adjetivos y pronombres demostrativos.*

Let's talk!

María llega al aeropuerto de Miami desde México para pasar unas vacaciones con sus tíos y su primo. Es su primer viaje a los Estados Unidos, y su primo Chris, a quien no conoce, va a buscarla al aeropuerto.

Lee el siguiente diálogo

	(At Immigration's Control)
Officer:	**Good morning**. Your passport, please.
María:	**Good morning**. **Here you go**.
Officer:	And your Immigration Form, **please**.
María:	Oh, yes, **sorry**. Here it is.
Officer:	**Is this** your first visit here?
María:	Yes, it is.
Officer:	What's the purpose of your visit?
María:	**Excuse me?**
Officer:	Uh... **Are you** here on vacation?
María:	Oh, yes, **I'm** visiting my aunt and uncle.
Officer:	Are you staying at their house?
María:	Yes, I am.
Officer:	How long **are you** staying in the U.S.?
María:	For about two months.
Officer:	All right... Here's **your** passport. **Welcome** to the United States.
María:	**Thank you very much**. **Goodbye**.
Officer:	**Goodbye**.
	(At the baggage claim)
María:	**Excuse me. That's my** suitcase.
Man:	**This** one?
María:	No, **that** one.
Man:	Oh, let me help you. **Here you go**.
María:	**Thanks a lot**!
Man:	**You're welcome!**
	(At the Arrivals Gate)
Chris:	Hi, María...? **I'm Chris**...How are you?
María:	Oh, hi Chris. I'm fine, **thank you for** picking me up!
Chris:	No problem. **Welcome** to Miami!

Traducción del diálogo

	(En el Control de Inmigraciones)
Oficial:	***Buenos días**. Su pasaporte, **por favor**.*
María:	***Buenos días**. **Aquí tiene.***
Oficial:	*Y su formulario de Inmigraciones, **por favor**.*
María:	*Ah, sí. **Lo siento**. **Aquí la tiene**.*
Oficial:	*¿**Esta es** su primer visita aquí?*
María:	*Sí, **lo** es.*
Oficial:	*¿Cuál es el objetivo de su visita?*
María:	*¿**Disculpe**?*
Oficial:	*Eh...¿**Está usted** aquí de vacaciones?*
María:	*Sí, **estoy** visitando a mi tía y a mi tío.*
Oficial:	*¿Usted se hospeda en su casa?*
María:	*Sí.*
Oficial:	*¿Cuánto tiempo se va a quedar usted en los Estados Unidos?*
María:	*Alrededor de dos meses.*
Oficial:	***Bien**... Aquí tiene **su** pasaporte. **Bienvenida** a los Estados Unidos.*
María:	***Muchas gracias**. **Adiós**.*
Oficial:	***Adiós**.*
	(En el sector de retiro de equipaje)
María:	***Disculpe**. **Aquella** es mi maleta.*
Hombre:	*¿**Esta**?*
María:	*No, **aquella**.*
Hombre:	*Ah, déjeme ayudarla. **Aquí tiene**.*
María:	***Muchísimas gracias**.*
Hombre:	***No hay de qué**.*
	(En el Hall de Llegadas)
Chris:	*Hola, ¿María? Soy Chris. ¿Cómo estás?*
María:	*Ah, hola Chris. Estoy bien, ¡**gracias por** venir a buscarme!*
Chris:	*No hay problema. ¡**Bienvenida** a Miami!*

Say it in English!

Estudiemos en detalle cómo se usan algunas de las expresiones que acabas de leer en el diálogo.

a Lee las diferentes maneras de **saludar** a alguien según el momento del día:

Good morning
Buenos días

Good afternoon
Buenas tardes

Good evening
Buenas noches

b Para **preguntarle** algo a alguien o **llamar su atención**, se usa:

Excuse me: *disculpe*

María: **Excuse me.** That's my suitcase.

*María: **Disculpe**. Aquella es mi maleta.*

c Para **pedir que repitan** algo que no entendiste en una conversación formal, usas:

Excuse me?/Pardon me?: *¿disculpe?*

Officer: What's the purpose of your visit?

María: **Excuse me**? **Pardon me?**

Oficial: ¿Cuál es el objetivo de su visita?

*María: ¿**Disculpe**?*

d Cuando **pides algo amablemente**, puedes usar:

Please: *por favor*

Officer: And your Immigration Form, **please.**
Oficial: Y su formulario de Inmigraciones, ***por favor****.*

e Cuando **pides disculpas**, se usa:

I'm sorry:
lo siento/lo lamento

M: Oh, yes, **I'm sorry**.
M: Ah, sí. ***Lo siento****.*

f Cuando le **entregas algo a alguien**, puedes usar estas frases, que tienen el mismo significado:

Officer: And your Immigration Form, please?.
María: Oh, yes, I'm sorry. **There you go**.

Oficial: Y su formulario de Inmigraciones, ***por favor****.*
María: Ah, sí. Lo siento. ***Aquí lo tiene****.*

Aquí tiene

más informales	más formales
Here you go **There you go**	**Here you are** **There you are**

Para **agradecer**, puedes decir:

Thanks	**Gracias**
Thank you	**Gracias**
Thanks a lot	**Muchas gracias**
Thank you very much	**Muchísimas gracias**
Thank you so much	**Muchísimas gracias**

Puedes también **mencionar la razón del agradecimiento**:

Thank you for	- picking me up	**Gracias por**	-venir a buscarme
	- helping me		-ayudarme
	- meeting me		-encontrarte conmigo
	- coming		-venir

Para **responder a un agradecimiento**, tienes estas opciones:

más informales	más formales
You're welcome **That's okay** **That's no problem** **Anytime** **Sure**	**Not at all** **Don't mention it** **My/our pleasure**
de nada/no tienes por qué	el placer es mío/nuestro

Recuerda

Fíjate en las diferentes maneras de usar **Welcome:**

Welcome to the United States.
__Bienvenido__ a los Estados Unidos.

Thank you. You're **welcome**.
Muchas gracias. __No tienes por qué__.

Grammar Notes

Lee atentamente estos apuntes claros y breves sobre los temas gramaticales que aparecen en el diálogo.

a Para **hacer preguntas con** el verbo **to be**, el verbo suele colocarse al principio de la frase:

Afirmación: **This is** her first visit to the U.S.

Pregunta: **Is this** her first visit to the U.S.?

Si tienes que escribir la pregunta, agregarás solo un signo de interrogación (?) al final de la oración.

Are you here on vacation?
*¿**Está** usted de vacaciones aquí?*

Are they Mexican?
*¿**Son** ellos mexicanos?*

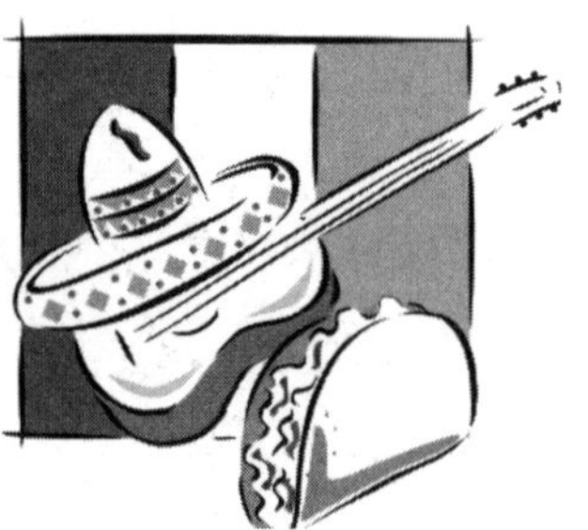

Is that your suitcase?
*¿**Es** aquella tu maleta?*

Is that María?
*¿**Es** aquella María?*

-Sólo puedes usar contracciones en aquellas preguntas que son negativas:

Aren't you Puerto Rican?
*¿**No** eres **tú** puertorriqueño?*

Isn't she a teacher?
*¿**No** es **ella** maestra?*

Isn't she at the airport?
*¿**No** está **ella** en el aeropuerto?*

b Los pronombres y adjetivos demostrativos **this** y **that**

Ambas palabras se usan para señalar **objetos concretos, animales o personas**, o para referirse a **conceptos abstractos** sobre los que estamos hablando:

This **significa *este, esta* o *esto*.**

Señalas o te refieres a algo que está cerca de ti**.**

This is my suitcase.
***Esta** es mi maleta.*

Is **this** your first trip to the U.S.?
*¿**Este** es su primer viaje a los Estados Unidos?*

This is easy!
*¡**Esto** es fácil!*

That significa *ese, esa, eso, aquel, aquella* o *aquello*.

Señalas o te refieres a algo o alguien que está **lejos de ti**.

That's my suitcase.
***Aquella/Esa** es mi maleta.*

That's your passport.
***Ese/Aquel** es su pasaporte.*

That's my cousin Chris.
***Ese/Aquel** es mi primo Chris.*

That's hard!
*¡**Eso/Aquello** es difícil!*

C Los adjetivos posesivos

-Son palabras que se usan para indicar que algo **te pertenece**:

My:	mi
Your:	tu - su (de usted)
His:	su (de él)
Her:	su (de ella)
Its:	su (de animal, cosa o situación)
Our:	nuestro/a
Your:	su (de ustedes)
Their:	su (de ellos/ellas)

Is that **your** suitcase?
*¿Es aquella **tu** valija?*

This is **my** passport.
*Este es **mi** pasaporte.*

Are you staying at **their** house?
*¿Te hospedas en **su** casa?*

d

Puedes evitar la repetición **de algunas palabras usando** one **o** the one:

Is this your suitcase**?** ***¿Es esta tu maleta?*** **No, not this** one. **That** one**.** ***No,** esta **no.** Aquella.*	Is this your **seat**? *¿Es este su asiento?* No, not this **one**. That **one**. *No, **este** no. **Aquel**.*

This is my **suitcase**,
and that **one** too.

*Esta es mi **maleta**,*
*y **aquella** también.*

PSO
PSO
1237

UNIDAD 4

I'll show you around the office

Le mostraré la oficina

UNIDAD 4

I'll show you around the office

Le mostraré la oficina

En esta unidad aprenderás a expresarte con fluidez cuando necesites:

Presentar a alguien en una situación formal

Responder a una presentación

Despedirte de alguien

Pedir que te llamen por tu nombre de pila

Usar **Mr.**, **Ms.**, **Mrs.**, **Miss**

Expresar deseos

El uso del verbo **guess**

Además, te explicaremos de manera simple y clara estos temas gramaticales:

- el tiempo futuro
- los adverbios de tiempo relacionados
- los adverbios de lugar **here** y **there**

Let's talk!

Pablo Benegas es mexicano y acaba de llegar a Dallas para trabajar en el Departamento Creativo de una agencia de publicidad.

Lee el siguiente diálogo

Director:	Hello, Mr. Benegas, we're glad you're **here**. Your experience with the Hispanic market **will be** very valuable to the company.
Pablo:	**I hope so**, thank you, I'm very happy to be **here** too.
Director:	Come with me, please. **I'll** show you around the office. Oh, Kate, **I'd like you to meet** Pablo Benegas, he'**s going to be** responsible for the Creative Department. Kate Mullins is in charge of the Accounts Department. Her office is **down the hall, on the right**.
Pablo:	**Nice to meet you**, **Ms**. Mullins.
Kate:	**Nice to meet you too**. **Just call me Kate**.
Pablo:	Oh, all right.
Director:	And **this is** Mario Rivera, our Marketing Director. Mario, **this is** Pablo Benegas, our new Creative Department Manager.
Mario:	**Pleased to meet you**. My office is **right there**, **on the left**. If you need anything at all, stop by. **We'll work** together a lot.
Pablo:	Yes, I **guess so**. I'm **pleased to meet you too**.
Director:	That's the conference room **over there** and that's your office **on the right**. **This is** Carla, your assistant. Carla, this is Mr. Pablo Benegas, your new boss.
Carol:	Good morning, Mr. Benegas. **How do you do?**
Pablo:	Nice to meet you, Carla. **You can call me** Pablo.
Carol:	Ok, thanks, Pablo. It's nice to meet you too.
Director:	Well, **I'd better get going,** I have a meeting **in 10 minutes**. Carla's **going to** help you get set up with email and everything. **See you later**.
Pablo:	Goodbye, Mr. Geller.

Traducción del diálogo

Director:	*Hola, señor Benegas, estamos muy contentos de tenerlo con nosotros* ***aquí****. Su experiencia en el mercado hispano* ***será*** *muy valiosa para la empresa.*
Pablo:	***Eso espero****, gracias. Yo también estoy muy contento de estar* ***aquí****.*
Director:	*Venga conmigo, por favor. Le* ***mostraré*** *la oficina. Ah, Kate,* ***quisiera presentarte*** *a Pablo Benegas, él* ***será responsable*** *del Departamento Creativo. Kate Mullins está a cargo del Departamento Contable. Su oficina está por este pasillo****, a la derecha****.*
Pablo:	***Encantado de conocerla, señorita*** *Mullins.*
Kate:	*Encantada de conocerlo a usted también. Puede llamarme Kate.*
Pablo:	*Ah, de acuerdo.*
Director:	*Y* ***él es*** *Mario Rivera, nuestro Director de Marketing. Mario,* ***él es*** *Pablo Benegas, nuestro nuevo gerente del Departamento Creativo.*
Mario:	***Encantado de conocerte****. Mi oficina está* ***exactamente allá, a la izquierda****. Cualquier cosa que necesites, pasa por allí.* ***Trabajaremos*** *mucho juntos.*
Pablo:	*Sí,* ***así lo creo. Encantado de conocerte también****.*
Director:	***Aquélla de allá*** *es la sala de conferencias y su oficina está* ***a la derecha****. Ah,* ***ella es*** *Carla, su asistente. Carla, le presento al señor Pablo Benegas, su nuevo jefe.*
Carla:	*Buenos días, señor Benegas.* ***¿Cómo está usted?***
Pablo:	*Encantado de conocerte, Carla.* ***Puedes llamarme Pablo****.*
Carla:	*De acuerdo, gracias, Pablo. Encantada de conocerte a ti también.*
Director:	*Bien,* ***será mejor que me vaya****. Tengo una reunión en* ***10 minutos****. Carla* ***va a ayudarle*** *a configurar su cuenta de correo electrónico y todo lo demás.* ***Lo veo más tarde****.*
Pablo:	*Adiós, señor Geller.*

Say it in English!

Estudiemos en detalle cómo se usan algunas de las expresiones que acabas de leer en el diálogo.

a Algunas alternativas de **presentación más formales** que las que estudiamos en la **Unidad 1** son:

May I introduce you to Ms. Mullins?
*¿**Me permite** presentarle a la señorita Mullins?*

I'd like you to meet Mr. Benegas.
***Quisiera presentarle** al señor Benegas.*

Kate, **I don't think you've met** Pablo.
*Kate, **no creo que conozcas a** Pablo.*

- Para **saludar y responder al saludo en una presentación**, puede decirse:

How do you do?
¿Cómo está usted?
¿Cómo estás tú?

I'm fine, thank you.
Estoy bien, gracias.

Very well, thank you.
Muy bien, gracias.

Pleased to meet you.
Encantado de conocerla.
Mucho gusto.

I'm glad to meet you.
Encantada de conocerlo.

How do you do?
¿Cómo está usted?
¿Cómo estás tú?

- Cuando te **despides de alguien** que te han presentado, puedes decir:

It was nice meeting you.
Nice meeting you!
Fue un gusto/placer conocerla.

It was nice talking with you.
Fue un gusto/placer conversar con usted.

b Para anunciar que **te retiras de un lugar**, puedes decir también:

I have to go.
Tengo que irme.

I've got to go.
Tengo que irme.

I'd better get going.
Será mejor que me vaya.

See you later.
Te veo más tarde.

-Al despedirte, podrás decir:

Goodbye. / *Adiós.*

Bye. / *Adiós.*

Good night.
Buenas noches.

c Puedes pedir que **te llamen por tu primer nombre** de esta manera:

Please, **call me** Pablo.
*Por favor, **llámame** Pablo.*

Just call me Kate.
***Llámame** Kate.*

You can call me Mario.
***Puedes llamarme** Mario.*

d Cuando te encuentras en una **situación formal** y **debes dirigirte a alguien, ya sea en persona o por escrito,** debes usar el apellido de la persona y alguna de estas posibilidades:

Mr. (mister) si es un hombre	Mr. Benegas	*Sr. Benegas*
Ms. (mis) si es una mujer	Ms. Mullins	*Sra. o Srta. Mullins*
Mrs. (misis) si es una mujer casada	Mrs. Robinson	*Sra. Robinson*
Miss (mis) si es una mujer soltera	Miss. Jones	*Srta. Jones*

e Los adverbios de lugar **here** (aquí, acá) y **there** (allí, allá):

Here se usa para indicar algo que está ubicado **cerca de la persona que habla**:

My office is **here**. *Mi oficina está **aquí**.*	Is Ms. Mullins **here**? *¿La señorita Mullins está **aquí**?*

There se usa para indicar algo que está **alejado de la persona que habla**:

The conference room is **there**, down the hall.
*La sala de conferencias está **allá**, al lado del pasillo.*

Here y **there** se combinan a menudo con otras palabras:

right: exactamente
over: por
up: arriba
down: abajo

Mario's office is **right here**. / **there.**
*La oficina de Mario está exactamente **acá.** / **allá.***

The conference room is **over here**. / **there.**
*La sala de reuniones está **por aquí.** / **allí.***

The printer paper is **up there**. / **down here.**
*El papel para la impresora está **allá arriba.** / **aquí abajo.***

También puedes **indicar ubicación** con:

on the right: a la derecha
on the left: a la izquierda

f

Hope significa *esperar*, y lo usas para expresar **algo que esperas que haya sucedido** (en el pasado) **o que suceda** (en el futuro):

I **hope** you're right.
Espero *que tengas razón.*

I **hope** you liked your office.
Espero *que le haya gustado su oficina.*

I **hope** you're happy to work here.
Espero *que estés contento de trabajar aquí.*

g

El verbo **guess** tiene dos significados:

Creer, pensar:

I **guess** we'll work together.
Creo que *trabajaremos juntos.*

He's Mexican, I **guess**.
Es mexicano, ***creo****.*

Adivinar:

Let me **guess**...
Déjame ***adivinar****...*

Guess who's coming?
*¿****Adivina*** *quién viene?*

Grammar Notes

Lee atentamente estos apuntes claros y breves sobre los temas gramaticales que aparecen en el diálogo.

a The future / El futuro

- Para **hablar de planes o intenciones futuras,** puedes usar los auxiliares **will** y **be going to**:

He **will be** responsible for the Creative Department.
*Él **será responsable** del Departamento Creativo.*

He **is going to be** responsible for the Creative Department.
*Él **va a ser responsable** del Departamento Creativo.*

- Fíjate cómo se forman las **oraciones afirmativas**:

	verbo **to be** en presente +	going to +	verbo en infinitivo* +	complemento
He	**is/'s**	**going to**	be	responsible for...

	will +	verbo en infinitivo*	complemento
He	**will/'ll**	be	responsible for ...

* Un verbo en infinitivo es un verbo sin conjugar.
Los verbos se nombran siempre en infinitivo: be, have, go, hope.

- Puedes usar las **contracciones** con todas las personas:

I'm/ She's/They're
going to work for us.

She's **going to take** an English course.
*Ella **va a tomar** un curso de inglés.*

You'll/We'll/He'll
work for us.

We'**ll meet** them in 20 days.
***Nos reuniremos** con ellos en 20 días.*

- En las oraciones **negativas,** se agrega **not** después del **verbo to be** o de **will.** **Will not** puede contraerse y formar **won't**.

They'**re not going to** meet.
***No** se van a reunir.*

I **will not** work there.
I **won't** work there.
*Yo no **voy a** trabajar allí.*

- Para hacer preguntas, el **verbo to be** o **will** se colocan **delante del pronombre**:

She **is going to** help you.

Is she **going to** help you?

They **will work** together.

Will they **work** together?

Are they **going to work** together?
*¿**Van a trabajar** juntos?*

Will she **help** me?
*¿Ella me **ayudará**?*

- Para hablar sobre **eventos futuros** que están **programados**, también puedes usar el tiempo Presente Simple:

I **have** a meeting in ten minutes.
Tengo una reunión en 10 minutos.

The meeting **finishes** at 11:00.
*La reunión **termina** a las 11:00.*

- **Will** también se usa cuando tomas una **decisión en el momento en que estás hablando**:

Come with me. **I'll show** you around the office.
Venga conmigo.
***Le mostraré** la oficina.*

Ms. Mullins isn't in her office. I'**ll** call her.
*La señorita Mullins no está en su oficina. La **llamaré.***

UNIDAD **5**

The daily tasks checklist

La lista de tareas diarias

UNIDAD 5

The daily tasks checklist

La lista de tareas diarias

En esta unidad aprenderás
a expresarte con fluidez cuando necesites:

Pedir algo

Ordenar una secuencia de hechos

Unir ideas con ***and, or*** y ***but***

Además, te explicaremos de manera simple y clara estos temas gramaticales:

- las preguntas con palabras interrogativas
- uso de ***should*** y ***had better*** para pedir y dar consejos.

Let's talk!

Javier es mexicano y trabaja como asistente de Josh, el chef de un reconocido restaurante. Josh le está explicando a Javier el funcionamiento diario de la cocina.

Lee el siguiente diálogo

Josh:	Hello, Javier. Let me show you how the kitchen is set up: this is the main preparation area **or** station, where you **and** I will work. Carla is our pasta specialist **and** she works over there... That's where Jeff, the baker, works...
Javier:	**Where's** all the equipment?
Josh:	In these cupboards **and** behind the green door. The other door is the changing room.
Javier:	**Should** I wear a special uniform?
Josh:	Yes, you **should** wear white shirts **and** pants, **and** the hat, of course...
Javier:	**I'd like to know** what the daily tasks are.
Josh:	Well, **first,** you have to read **and** memorize this daily run checklist, which lists the tasks we **should** all do at specific times each day. **Then**, there's also a checklist for special events.
Javier:	**What kind of** special events?
Josh:	It could be a birthday party **or** a tourist group...**And finally,** there's a checklist that explains what you **should** do in case of an emergency.
Javier:	Oh, yes, that's very important... Is there anything else I **should** know?
Josh:	The manager is responsible for keeping this place safe, **but** we can all help to avoid accidents.
Javier:	Sure. OK.
Josh:	Well, we'**d better** get started!

Traducción del diálogo

Josh:	*Hola, Javier. Te mostraré cómo está organizada la cocina: esta es la principal área de preparación* ***o*** *trabajo, donde tú* ***y*** *yo trabajaremos. Carla es nuestra especialista en pastas* ***y*** *trabaja por allá... Allí es donde trabaja Jeff, el pastelero...*
Javier:	*¿****Dónde*** *están los utensilios y las máquinas?*
Josh:	*En estos gabinetes* ***y*** *detrás de la puerta verde. La otra puerta es el vestuario.*
Javier:	*¿****Debo*** *usar un uniforme especial?*
Josh:	*Sí,* ***debes*** *usar camisas* ***y*** *pantalones blancos,* ***y*** *el gorro, por supuesto...*
Javier:	***Quisiera*** *saber cuáles son las tareas diarias.*
Josh:	*Bien,* ***primero*** *tienes que leer* ***y*** *memorizar esta lista de tareas diarias, que enumera las tareas que todos* ***debemos*** *hacer en momentos específicos cada día.* ***Luego*** *también hay una lista de tareas para eventos especiales.*
Javier:	*¿****Qué tipo de*** *eventos especiales?*
Josh:	*Podría ser un cumpleaños* ***o*** *un grupo de turistas...* ***Y por último****, hay una lista de tareas que explica qué* ***deberías*** *hacer en caso de emergencia.*
Javier:	*Ah, sí, eso es muy importante... ¿Hay algo más que* ***debería*** *saber?*
Josh:	*El gerente es responsable de que este sea un lugar seguro,* ***pero*** *todos podemos colaborar para evitar accidentes.*
Javier:	*Seguro. De acuerdo.*
Josh:	*Bueno, ¡****será mejor*** *que comencemos!*

Say it in English!

Estudiemos en detalle cómo se usan algunas de las expresiones que acabas de leer en el diálogo.

a Cómo **pedir algo amablemente** usando **would like:**

La expresión **I would like** o **I'd like** puede usarse cuando queremos **pedirle algo a alguien**:

I'd like to know what the daily tasks are.

Quisiera *saber cuáles son las tareas diarias.*

I'd like to ask you a question, please.

Quisiera *hacerle una pregunta, por favor.*

b Cuando necesitas **ordenar o enumerar acciones,** puedes utilizar estas palabras:

First	primero/en primer lugar
After that	después de eso
Then	luego
Next	luego
Finally	finalmente

Lee estos ejemplos:

Well, **first**, you have to read and memorize the daily run checklist.
*Bien, **primero** debes leer y memorizar la lista de tareas diaria.*

Then, there's also a checklist for special events.
***Luego** hay también una lista de tareas sobre qué hacer en caso de eventos especiales.*

And finally, there's a checklist that explains what you should do in case of an emergency.
Y finalmente hay una lista que explica qué debes hacer en caso de una emergencia.

C Los conectores **and**, **or** y **but** unen o conectan ideas:

and	**but**	**or**
y	*pero*	*o*

- **And** se usa para **unir** dos palabras, frases o partes de oraciones **que están relacionadas**:

You **and** I.
*Tú **y** yo.*

White shirts **and** pants.
*Camisas **y** pantalones blancos.*

- **But** se emplea para expresar una **diferencia o contradicción**:

The manager is responsible for keeping this place safe, **but** we can all help to avoid accidents.
El gerente es el responsable de mantener este lugar seguro, ***pero*** *todos podemos colaborar para evitar accidentes.*

Everybody at the restaurant has specific tasks, **but** we should work as a team.
Todos en el restaurante tienen tareas específicas, pero debemos trabajar como un equipo.

- **Or** conecta generalmente **diferentes opciones**:

This is the main preparation area **or** station.
Esta es la principal zona ***o*** *área de trabajo.*

It could be a birthday party **or** a tourist group.
Podría ser una fiesta de cumpleaños ***o*** *un grupo de turistas.*

Grammar Notes

Lee atentamente estos apuntes claros y breves sobre los temas gramaticales que aparecen en el diálogo.

a Preguntas con **palabras interrogativas**

What...?	¿Qué/Cuál ...?
Where ...?	¿Dónde...?
Which...?	¿Cuál...?
When...?	¿Cuándo...?
Who...?	¿Quién...?
How...?	¿Cómo...?

- Con ellas puedes formar **preguntas** cuando quieres **obtener información**:

What are the daily tasks?
*¿**Cuáles** son las tareas diarias?*

When is the lunch break?
*¿**Cuándo** es el horario para almorzar?*

How do I cook this fish?
*¿**Cómo** cocino este pescado?*

Where is the changing room?
*¿**Dónde** está el vestuario?*

Which is your favorite dish?
*¿**Cuál** es tu plato favorito?*

Who is responsible for safety?
*¿**Quién** es el responsable de la seguridad?*

- Veamos cómo formar las **preguntas** en el **presente**:

Preguntas con el verbo **to be:**

Palabra interrogativa	to be	complemento
When *¿**Cuándo***	**is** ***es***	the lunch break? *el horario del almuerzo?*
Where *¿**Dónde***	**is** ***está***	the changing room? *el vestuario?*

- **What** puede unirse a otras palabras para formar preguntas. Cuando quieres saber **de qué tipo** es determinado objeto debes preguntar de la siguiente forma:

What type/s of...?
¿Qué tipo/s de...?

What type of **skills do I need?**

¿Qué tipo de habilidades/ conocimientos necesito?

What kind/s of ...?
¿Qué clase/s de...?

What kind of special events?
*¿**Qué tipo de** eventos especiales?*

What sort/s of ... ?
¿Qué clase/s de ...?

What sort of uniform should I wear ?

*¿**Qué clase** de uniforme debo usar?*

Recuerda

Cuando escribes una pregunta o una exclamación en inglés, usas solamente los signos **?** y **!** *al final de la oración.*

Pedir y dar **consejos y recomendaciones**

Cuando quieres **dar o pedir un consejo o una recomendación**, debes usar el auxiliar **should**, que quiere decir *debería o debe.*

When **should** I apply?
*¿Cuándo **debería** solicitarla?*

You **should** read this checklist before you start working.
***Debes** leer esta lista de tareas antes de comenzar a trabajar.*

You **should** wear a hat.
***Deberías** usar un gorro.*

-La forma negativa contraída del auxiliar es **shouldn't**.

You **shouldn't** work without a uniform.
***No deberías** trabajar sin un uniforme,*

She **shouldn't** arrive late for work.
*Ella no **debería** llegar tarde al trabajo.*

- Otro auxiliar que expresa recomendación es **had better**, que quiere decir *es necesario* o *será mejor que*, y se usa cuando la recomendación o indicación tiene cierta urgencia.

We'd better start working right now.

***Será mejor** que empecemos a trabajar ya mismo.*

You'd better read the daily tasks checklist.

***Será mejor que** leas la lista de tareas diaria.*

- Para usarlo en negativo, se coloca **not** después de **better**.

You'**d better not** go to work tomorrow.

***Será mejor que** no vayas a trabajar mañana.*

UNIDAD 6

The Hispanic market is growing

El mercado hispano está creciendo

UNIDAD 6

The Hispanic market is growing

El mercado hispano está creciendo

En esta unidad aprenderás a expresarte con fluidez cuando necesites:

Reafirmar una idea

Referirte a aspectos diferentes de una misma idea

Además, te explicaremos de manera simple y clara estos temas gramaticales:

- *el presente continuo*
- *adverbios de tiempo relacionados*
- *los adjetivos*
- *los adverbios*

Let's talk!

El señor Geller, director de la agencia de publicidad donde trabaja **Pablo,** está hablando sobre negocios.

Lee el siguiente diálogo

Mr. Geller: As all of you know, our agency **will be significantly increasing** its presence in the **Hispanic market this year**.

The market is booming, but, **on the other hand**, it's **highly competitive**. We have an **excellent team** of writers and artists, who work very **efficiently**. We'**re recruiting** new staff, like Mr. Benegas here, who joined the company last week.

We're **very** interested in this market. **In fact,** we'**re currently expanding** our business with **new offices** in New York, Los Angeles and Miami. We do a lot of work for many brands.**We're expecting** to continue to expand our brand portfolio **considerably** in the **coming months**.

A well-known diaper manufacturer, **is looking for** an agency to develop a campaign to sell their diaper brands to the Hispanic market. This account is very important for us, **really**, and I think we can do a **great job** for them **by** introducing **creative concepts** for TV and radio ads, newspapers and magazines. **We're having** a meeting with them in 20 days, so I'd like you to work hard and come up with great ideas to impress them and show them we're the number one agency for this market.

Here are the results of our market research, which will give you all the information you need about buying habits, ages, how much money they spend, and other useful information. Now, let's get started! The client **is waiting** for us!

Traducción del diálogo

Sr. Geller: _Como todos ustedes saben, nuestra agencia **aumentará significativamente** su presencia en el **mercado hispano este año**._

El mercado está creciendo aceleradamente pero, **por otro lado**, es **altamente competitivo**. Nosotros tenemos un **excelente equipo** de redactores y diseñadores que trabajan muy **eficientemente**. **Estamos incorporando** personal nuevo, como el señor Benegas, aquí, que se unió a la empresa la semana pasada.

Estamos **muy** interesados en este mercado. **De hecho, estamos expandiendo** en este momento nuestro negocio con **nuevas oficinas** en Nueva York, Los Ángeles y Miami. Hacemos muchos trabajos para firmas muy importantes. **Esperamos** continuar expandiendo nuestra cartera de marcas **considerablemente** en los **próximos meses**.

Un conocido fabricante de pañales **está buscando** una agencia que desarrolle una campaña para vender sus marcas de pañales al mercado hispano. Esta cuenta es muy importante para nosotros, **realmente**, y creo que podemos hacer **un gran trabajo** para ellos presentándoles conceptos creativos para avisos de televisión, radio, diarios y revistas. **Tendremos** una reunión con ellos en 20 días, así que me gustaría que trabajen duro para proponer buenas ideas para impresionarlos y mostrarles que somos la agencia número uno para este mercado.

Aquí están los resultados de nuestra investigación de mercado, que les dará toda la información que necesitan sobre hábitos de consumo, edades, cuánto dinero gastan los consumidores y otra información útil. Ahora, ¡manos a la obra! ¡El cliente nos **está esperando**!

Say it in English!

Estudiemos en detalle cómo se usan algunas de las expresiones que acabas de leer en el diálogo.

a Para **reafirmar una idea**, se usan las siguientes expresiones:

actually
en realidad

in fact
de hecho

really
realmente

We're very interested in this market. **In fact, we're currently expanding** our business with **new offices**.
Estamos muy interesados en este mercado. ***De hecho, estamos expandiendo*** *nuestro negocio con* ***nuevas oficinas****.*

I think we can do a great job for them, **actually**.
En realidad*, creo que podemos hacer un gran trabajo para ellos.*

This account is very important for us, **really**.
Esta cuenta es muy importante para nosotros, ***en realidad****.*

b Cuando nombras **aspectos diferentes de una misma idea**, puedes usar estas frases:

On one hand, the market is growing fast. **On the other hand**, it's very competitive.

Por un lado*, el mercado está creciendo rápidamente.* ***Por el otro****, es muy competitivo.*

The market is growing really fast, but **on the other hand**, it's very competitive.

El mercado está creciendo realmente rápido, ***pero por otro lado*** *es muy competitivo.*

Grammar Notes

Lee atentamente estos apuntes claros y breves sobre los temas gramaticales que aparecen en el diálogo.

a El tiempo Presente Continuo/**Present Continuous**

Los tiempos verbales nos sirven para expresar en qué momento están sucediendo las acciones de las que hablamos.

El Presente Continuo se forma con el verbo **to be + otro verbo** que termina en -**ing**:

We **are** expand**ing**.

to be + expand + ing

*Nos **estamos expandiendo**.*

- Veamos ejemplos de afirmaciones:

I **am working**.	(Yo estoy trabajando.)
You **are talking**.	(Tú estás conversando.)
He **is waiting**.	(Él está esperando.)
She **is working**.	(Ella está trabajando.)
It **is increasing**.	(Eso está aumentando.)
We **are expanding**.	(Nosotros estamos expandiéndonos.)
You **are waiting**.	(Ustedes están esperando.)
They **are working**.	(Ellos están trabajando.)

- Al hablar usarás la forma contraída:

I**'m working**, you**'re talking**, she**'s waiting**, etc.

- Las **negaciones** se forman agregando **not** entre el verbo **to be** y el **otro verbo**.

I am **not working**.

You **are not talking**.

He **is not waiting**.

She **is not waiting**.

It **is not increasing**.

You **are not waiting**.

We **are not expanding**.

They **are not working**.

- Las preguntas se forman **invirtiendo el orden del verbo «to be» y el pronombre**:

Am I **working**?

Are you **talking**?

Is he **waiting**?

Is she **waiting**?

Is it **increasing**?

Are we **expanding**?

Are you **waiting**?

Are they **working**?

- Al hablar usarás la **forma contraída**, que puede ser de dos maneras en el negativo:

I'm **not working**.

You**'re not / aren't talking**.

He**'s not / isn't waiting**.

She**'s not / isn't waiting**.

It**'s not / isn't increasing**.

We're **not / aren't expanding**.

You**'re not / aren't waiting**.

They**'re not / aren't working**.

- El presente continuo se usa para indicar **acciones que están pasando en el momento en que estás hablando**:

The agency **is recruiting** staff.
*La agencia **está contratando** personal.*

- Estos **adverbios de tiempo** se usan frecuentemente con el presente continuo:

now *(ahora)*

currently *(en este momento)*

right now *(en este preciso momento)*

today *(hoy)*

We'**re working right now**.
Estamos trabajando en este momento.

I'**m speaking** on the phone **now**.
***Estoy hablando** por teléfono **ahora**.*

- También se usa para **indicar acciones que están pasando en un período más extendido de tiempo**, no solamente cuando estoy hablando:

We'**re working** hard **this week**.
***Estamos trabajando** duro esta semana.*

We'**re expanding** our offices **this year**.
Estamos expandiendo** nuestras oficinas **este año.

- Se puede usar el tiempo **presente continuo** para hablar del futuro cuando se trata de **planes que ya han sido definidos**:

We**'re having** a meeting on Tuesday.
Tendremos *una reunión el martes.*

Are you leaving tomorrow?
*¿**Te irás** mañana?*

They **aren't** coming.
No vendrán.

- Estas son algunas **palabras que se usan para indicar tiempo en el futuro**.

tomorrow: mañana

I'm talking to him **tomorrow**.
*Voy a hablar con él **mañana**.*

next: próximo

I'm meeting her **next** Saturday.
*Me encontraré con ella el **próximo** sábado.*

the day after tomorrow: pasado mañana

We're having a meeting **the day after tomorrow**.

*Tendremos una reunión **pasado mañana**.*

tomorrow morning: mañana por la mañana

afternoon: mañana por la tarde

evening: mañana por la noche

I'm not traveling **tomorrow morning**.
*No voy a viajar **mañana por la mañana**.*

in + expresión de tiempo:
in ten minutes, in a week, in two months, in the coming months.

See you **in an hour**.
*Te veo **en una hora**.*

this morning: esta mañana
afternoon: esta tarde
evening: esta noche
tonight: esta noche

They'**re going to meet this afternoon**.
*Se **van a encontrar esta tarde**.*

-soon: pronto

I'll see you **soon**.
*Te veré **pronto**.*

b Los **adjetivos** son palabras que nos sirven para calificar a un sustantivo. En inglés se colocan siempre **delante del sustantivo**.

Estudiemos estos ejemplos:

The **Hispanic** market. adjetivo | sustantivo	*El mercado **hispano**.* sustantivo | adjetivo

An **excellent** team.
*Un equipo **excelente**.*

New offices.
*Oficinas **nuevas**.*

Creative concepts.
*Conceptos **creativos**.*

Innovative ideas.
*Ideas **innovadoras**.*

- Si en la oración aparece el verbo **to be**, el adjetivo se coloca **después del verbo**.

The team **is excellent**.
*El equipo **es excelente**.*

The offices **are new**.
*Las oficinas **son nuevas**.*

The ideas **are innovative**.
*Las ideas **son innovadoras**.*

Recuerda

Los adjetivos en inglés **no tienen plural**:

A **new** office.
Una oficina **nueva**.

New offices.
Oficinas **nuevas**.

An **excellent** team.
Un equipo **excelente**.

Excellent teams.
Equipos **excelentes**.

C Los **adverbios** son palabras que modifican a los adjetivos y a los verbos. Se forman generalmente agregando **–ly** a un adjetivo:

adjetivo	adverbio
current: corriente	current**ly**: corrientemente
significant: significativo	significant**ly**: significativamente
considerable: considerable	considera**bly**: considerablemente
high: alto	high**ly**: altamente

- Hay algunos adjetivos y adverbios que son iguales:

adjetivo	adverbio
fast: rápido	fast: rápidamente
hard: difícil	hard: difícilmente
late: tardío	late: tarde
early: temprano	early: temprano
wrong: equivocado	wrong: equivocadamente

- El adverbio de **good** (bueno/buena) es **well** (bien).

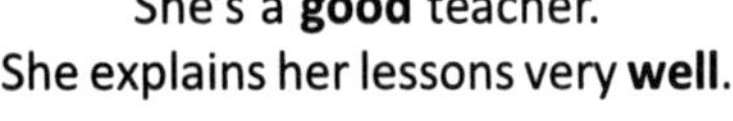

She's a **good** teacher.
She explains her lessons very **well**.

*Ella es una **buena** maestra.*
*Explica sus lecciones muy **bien**.*

UNIDAD 7

The weekly shopping

La compra semanal

UNIDAD 7

The weekly shopping

La compra semanal

En esta unidad aprenderás a expresarte con fluidez cuando necesites:

Preguntar qué está haciendo alguien

Hacer una invitación

Qué decir antes de irte de un lugar

Qué decir cuando has terminadode hacer algo

Cómo preguntar o decir si te hace falta algo

Conocer las equivalencias entre los sistemas de medición

Además, te explicaremos de manera simple y clara estos temas gramaticales:

- obligación con **have to**
- contestar con respuestas cortas
- sustantivos contables e incontables
- cuantificadores para sustantivos incontables
- cantidad indefinida con **some**, **any**, **a lot of**
- uso de **how much** y **how many**

Let's talk!

María acompaña a su primo Chris al supermercado. Chris tiene que hacer la compra semanal porque tiene una pequeña taquería en Homestead.

Lee el siguiente diálogo

María:	Hi there, **what are you doing**?
Chris:	I'm making the list for the grocery store. I **have to** do the weekly shopping. Do you want to come with me?
María:	**Sure.** Do you **have to** buy **a lot of** groceries?
Chris:	Well, what do you think? (Showing her a long list)
María:	Wow, I think you'll need **some** help!
Chris:	Let me check if I **have to** add anything to my list... I **have to** buy mayonnaise, ham, corn, parsley, *tortillas,* ... Oh yeah, mustard! Okay, I'm ready. Let's go!
	(At the grocery store, picking up a cart)
Chris:	Let's begin with the produce department. I **have to** buy tomatoes, potatoes and onions. And we **don't have any** peppers...
María:	**What else** do you **need**?
Chris:	**I'm done here**. Let's check out the **dairy section**. I **need some** eggs...
María:	**How many**? I'll get them.
Chris:	Two dozen... I also need **some** cheese and four **gallons** of milk...
María:	Do you **need any** groceries?
Chris:	Yes, oil and vinegar... And **some** flour, too.
María:	**How much** flour do you need?
Chris:	Three packages will be fine. Can you get them?
María:	Sure.
Chris:	I'll go by the meat section. I need two **pounds** of beef; I'll be back in a minute.
María:	Okay. Do you need **anything else**?
Chris:	I need **some** wine, beer and juice. Well, that's all. **Let's get this over with**.
María:	Look, there's nobody in line at that check out counter.

Traducción del diálogo

María:	*Hola, ¿**qué estás haciendo**?*
Chris:	*Estoy haciendo la lista para el supermercado. **Tengo que** hacer la compra semanal. ¿Quieres venir conmigo?*
María:	***Sí, claro**. ¿**Tienes que** comprar **muchos** productos?*
Chris:	*Bueno, ¿qué piensas? (Le muestra una larga lista)*
María:	*¡Guau! ¡Creo que necesitarás **un poco** de ayuda!*
Chris:	*Déjame revisar si **tengo que** agregar **algo** a mi lista... **Tengo que** comprar mayonesa, jamón, maíz, perejil, tortillas, ... ¡Ah sí! ¡Mostaza! De acuerdo, estoy listo. ¡Vamos!*
	(En el supermercado, buscando un carrito)
Chris:	*Comencemos por el sector de frutas y verduras. **Tengo que** comprar tomates, papas y cebollas. Y **no tenemos** pimientos...*
María:	*¿**Qué más** necesitas?*
Chris:	***Ya terminé** por aquí. Veamos qué hay en el sector de lácteos. Necesito **algunos** huevos...*
María:	*¿**Cuántos**? Yo te los traigo.*
Chris:	*Dos docenas... También necesito **un poco** de queso y cuatro **galones** de leche...*
María:	*¿Necesitas **algunos** productos de abarrotería?*
Chris:	*Sí, aceite y vinagre... Y **algo de** harina también.*
María:	*¿**Cuánta** harina necesitas?*
Chris:	*Tres paquetes estarán bien. ¿Puedes traerlos?*
María:	***Seguro**.*
Chris:	*Voy al sector de la carne. Necesito dos **libras** de carne vacuna; volveré en un minuto.*
María:	*Bueno. ¿Necesitas **algo más**?*
Chris:	*Necesito vino, cerveza y jugo. Bueno, es todo. **Terminemos con esto**.*
María:	*Mira, no hay nadie en la fila de aquella caja.*

Say it in English!

Estudiemos en detalle cómo se usan algunas de las expresiones que acabas de leer en el diálogo.

a Cuando quieres **saber qué está haciendo alguien,** puedes preguntar:

I'm writing down the list for the supermarket.
Estoy escribiendo *la lista para el supermercado.*

I'm making the list for the supermarket.
Estoy haciendo *la lista para el supermercado.*

Recuerda

What are you doing?
¿Qué estás haciendo?

Cuando quieres saber qué está haciendo alguien.

What do you do?
¿Qué haces?/
¿A qué te dedicas?

Cuando quieres conocer en qué trabaja una persona.

b Cuando **invitas informalmente a alguien a hacer algo o le ofreces algo,** puedes usar el verbo **want** (querer):

Do you want to come with me?
*¿**Quieres** venir conmigo?*

Do you want to come along?
*¿**Quieres** venir?*

Do you want something to eat?
*¿**Quieres** comer algo?*

Do you want some coffee?
*¿**Quieres** café?*

c Puedes usar estas frases cuando **decides irte de un lugar**:

Let's go!
Let's get going!
Come on! Let's go.
¡Vamos!/¡Vayámonos!

I'm leaving.
I'm going.
I'm going to go.
I'm going to leave.
Me voy.

d Para indicar que **has terminado o quieres terminar con alguna actividad**, puedes decir:

I'm done.
I'm finished.
Terminé.

We're done.
We're finished.
Terminamos.

Let's get this over with.
Let's go.
Let's call it quits.
Terminemos con esto/ Vayámonos

Well, that's all.
Well, that's it.
Bien, esto es todo.

Else significa *más* y se usa comúnmente en estos casos:

Anything **else**?
*¿Algo **más**?*

Do you need anything **else**?
*¿Necesitas algo **más**?*

What **else** do you need?
*¿Qué **más** necesitas?*

Nothing **else**, thanks.
*Nada **más**, gracias.*

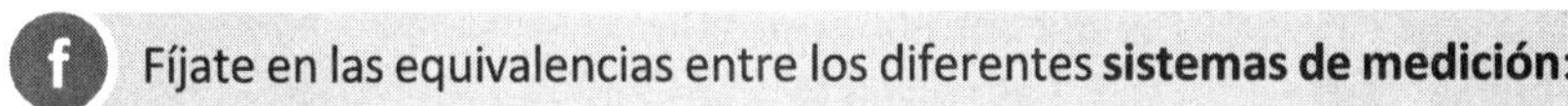

f Fíjate en las equivalencias entre los diferentes **sistemas de medición**:

Sistema usado en U.S.		**Sistema métrico**	
1 ounce (oz)	(1 onza)	= 28 grams	(28 gramos)
1 pound (lb)	(1 libra)	= 0.454 kilograms	(0.454 kilogramos)
1 gallon (gal.)	(1 galón)	= 3.79 liters	(3.79 litros)
1 inch (in)	(1 pulgada)	= 25 millimeters	(25 milímetros)
1 foot (ft)	(1 pie)	= 30 centimeters	(30 centímetros)
1 yard (yd)	(1 yarda)	= 91 centimeters	(91 centímetros)
1 mile (m)	(1 milla)	= 1.6 kilometers	(1.6 kilómetros)

Grammar Notes

Lee atentamente estos apuntes claros y breves sobre los temas gramaticales que aparecen en el diálogo.

a El auxiliar **have to**:

Cuando quieres expresar **una obligación o necesidad**, usas el auxiliar **have to**, que significa *tener que*:

I **have to** do the weekly shopping.
__Tengo que__ hacer la compra semanal.

I **have to** go to the supermarket.
__Tengo que__ ir al supermercado.

We **have to** buy meat.
Nosotros __tenemos que__ comprar carne.

- Con los pronombres **he**, **she** y **it**, **have** se transforma en **has**:

She **has to** go shopping.
Ella __tiene que__ ir de compras.

He **has to** write down a list.
Él __tiene que__ escribir una lista.

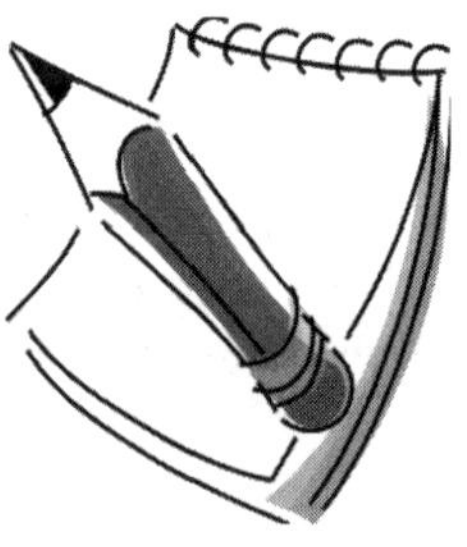

- Para transformarlas en **oraciones negativas**, usas **don't/doesn't + have to**. Usas el negativo para expresar que **no es necesario** hacer algo:

She **doesn't have to** make a list.
Ella __no tiene que hacer__ una lista.

They **don't have to** go shopping.
Ellos __no tienen que__ salir de compras.

- Para hacer preguntas, usas **do/does** + **have to**:

They **have to** write down a list.

Do they **have to** write down a list?
*¿Ellos **tienen que** escribir una lista?*

She **has to** go shopping.

Does she **have** to go shopping?
*¿Ella **tiene que** ir de compras?*

- Para contestar con **respuestas cortas**, debes usar **do/does**; **don't/doesn't**:

Do you **have to** go to the supermarket?
*¿**Tienes que** ir al supermercado?*

Yes, I **do**./No, I **don't**.
Sí/No.

Does she **have to** buy fruit?
*¿**Ella tiene que** comprar fruta?*

Yes, she **does**./No, she **doesn't**.
Sí/No.

Sustantivos contables e incontables

- Los sustantivos que se refieren a **objetos que pueden contarse por unidad** se llaman **Countable Nouns** (Sustantivos Contables).

One bag / ***Una** bolsa*

Two carts / ***Dos** carritos*

Fifteen boxes / ***Quince** cajas*

- Pueden ser precedidos por **a/an** en singular:

A coupon / ***Un*** *cupón*

An item / ***Un*** *artículo*

An apple / ***Una*** *manzana*

- En su mayoría, forman **el plural** agregando ***-s***, ***-es*** o de ***forma irregular***:

Lemon *(limón)* – lemon**s**

Match *(fósforo)* – match**es**

Shelf *(estante)* – shel**ves**

- Los sustantivos que por lo general se refieren a **sustancias** (ya sean líquidas, sólidas o gaseosas), **a abstracciones** (cosas que no se pueden tocar) **o a un grupo de objetos** se llaman **Uncountable Nouns** (Sustantivos Incontables).

Pueden nombrar **alimentos**:	Sustancias líquidas, semilíquidas o sólidas:
Fish *(pescado)*	Gasoline *(gasolina)*
Wine *(vino)*	Air *(aire)*
Meat *(carne)*	Money *(dinero)*
Coffee *(café)*	Soap *(jabón)*
Cheese *(queso)*	Toothpaste *(pasta de dientes)*
Sugar *(azúcar)*	Ice *(hielo)*
Milk *(leche)*	Paper *(papel)*
Butter *(mantequilla)*	Wood *(madera)*
Oil *(aceite)*	Glass *(vidrio)*

Abstracciones (ideas, cosas que no se pueden tocar):

Information *(información)*
Music *(música)*
Help *(ayuda)*
Time *(tiempo)*
Advice *(consejo)*

Grupos de objetos:

Furniture *(muebles)*
Equipment *(equipo)*
Fruit *(fruta)*

- Los sustantivos incontables no pueden, por lo tanto, contarse:

Incorrecto:
one sugar; ten furnitures.

- No pueden ser precedidos inmediatamente por **a/an**:

Incorrecto:
an equipment; a wood.

- No forman el plural agregando *-s, -es* o de *forma irregular*:

Singular	Plural
Fruit Equipment	*Incorrecto*: fruits *Incorrecto:* equipments

- Cuando necesitas expresar una **cantidad definida** con los **sustantivos incontables**, puedes usar estas frases:

a glass of wine/water/milk
un vaso de *vino/agua/leche*

a cup of coffee/tea
una taza de *café/té*

a bottle of oil/beer/perfume
una botella de *aceite/cerveza/perfume*

a piece of cheese/cake
un trozo de *queso/pastel*

a can of beer/soda
una lata de *cerveza/refresco*

a bar of chocolate/soap
una barra de *chocolate/jabón*

a carton of milk/juice
un cartón de *leche/jugo*

- Para expresar **una cantidad indefinida**, tanto con los sustantivos contables como con los sustantivos incontables se usa **some** (*un poco, algunos/as*) o **any** (*un poco, algunos/as).*

Some se usa en **oraciones afirmativas**:

There is **some** flour.
*Hay **un poco** de harina.*

I need **some** eggs.
*Necesito **algunos** huevos.*

Any se puede usar:

- En oraciones **negativas.** En español usamos *nada de/ninguno/ninguna* o ninguna palabra.

There isn't **any** cream.
*No hay **nada de** crema./*
No hay crema.

There isn't **any** money.
*No hay **nada de** dinero./*
No hay dinero.

I don't have **any** peppers.
No tengo pimientos.

I don't need **any** potatoes.
No necesito papas.

- En oraciones **interrogativas**, quiere decir *algo de* o ninguna palabra.

Is there **any** cheese?
*¿Hay (**algo de**) queso?*

Is there **any** butter?
*¿Hay (**algo de**) mantequilla?*

- Para **preguntar por cantidad**, debe usarse:

How much para **sustantivos incontables**

How many para **sustantivos contables**

How much oil is there?
*¿**Cuánto** aceite hay?*

How much sugar do you want?
*¿**Cuánta** azúcar quieres?*

How many tomatoes do you want?
*¿**Cuántos tomates** quieres?*

How many bottles do you need?
*¿**Cuántas botellas** necesitas?*

Recuerda

Countable	Uncountable
Números	-
A/ an	-
Plural	-
Some	Some
Any	Any

UNIDAD **8**

I usually get up at 9 AM

Generalmente me levanto a las 9 AM

UNIDAD 8

I usually get up at 9 AM

Generalmente me levanto a las 9 AM

En esta unidad aprenderás a expresarte con fluidez cuando necesites:

Referirte a las diferentes partes del día

Conversar sobre actividades del tiempo libre;

Expresar que te comprometes a hacer algo

Además, te explicaremos de manera simple y clara estos temas gramaticales:

- *uso del tiempo* **presente simple** *en oraciones afirmativas, negativas e interrogativas*
- *palabras que indican frecuencia*
- *uso de* **how often** *para preguntar por frecuencia*
- *uso de* **love**, **enjoy** *y* **hate** *para hablar de actividades que te gustan o te disgustan*

Let's talk!

Javier está charlando con Josh sobre lo que hacen en su tiempo libre.

Lee el siguiente diálogo

Josh:	So, Javier, **do you have** any other friends here?
Javier:	No, **I don't**, not yet. I don't know many people.
Josh:	What **do** you **usually do** on your day off?
Javier:	Well, not much, really. I **usually get up** at around 9 and I **go jogging** or **biking** in the park for an hour. Then I have breakfast, and I **generally** go to the grocery store. **In the afternoon**, I **generally** clean up my apartment. I **hate doing** that part! Afterwards, I like to relax. I **usually** get on the Internet to practice my English, or I chat with my friends in Mexico. **Sometimes** I wander around the city. I **never** go to bed before midnight. That's why I'm always a bit tired when I get to the restaurant **on Tuesdays**. **What do *you* do** in your **free time**?
Josh:	Well, I **sometimes** visit my sister and take my nephew to the playground... or teach him how to make cakes and stuff. He wants to be a chef, you know... I **love spending time** with my nephew. I also hang out with friends and play basketball...
Javier:	Oh, really? **That sounds fun! How often do** you **play?**
Josh:	We play **every** Tuesday evening. I really **enjoy playing** basketball. Do you **ever** go out at night?
Javier:	**Sometimes** I go to the movies. **Do you like to go** to the movies?
Josh:	To tell you the truth, I don't go to the movies **very often**. I prefer to hang out with my friends, you know, we **usually** have dinner at the club after we play. **By the way**, next Tuesday is my birthday, and I'm throwing a party at the club. **Do you want to come**?
Javier:	Sure, **count me in**!
Josh:	Okay, **it's a deal**!

Traducción del diálogo

Josh:	*Dime, Javier, ¿**tienes** otros amigos aquí?*
Javier:	*No, **no tengo**, no todavía. No conozco mucha gente.*
Josh:	*¿**Qué haces usualmente en tu día libre**?*
Javier:	*Bueno, no mucho, en realidad. **Por lo general** me **levanto** alrededor de las 9 y **salgo a correr** o **a andar en bicicleta** por el parque durante una hora. Luego desayuno y **generalmente** voy al mercado. En la tarde, **generalmente** limpio mi departamento. ¡**Detesto hacer** eso! Después me gusta descansar. **Generalmente** navego por Internet para practicar mi inglés o chateo con mis amigos en México. **A veces** paseo por la ciudad. **Nunca** me voy a dormir antes de la medianoche. Por eso estoy siempre un poco cansado cuando llego al restaurante **los martes**. ¿**Qué haces** tú en tu **tiempo·libre**?*
Josh:	*Bueno, **a veces** visito a mi hermana y llevo a mi sobrino al parque... o le enseño a hacer pasteles y cosas por el estilo. Quiere ser chef, sabes... Me **encanta pasar** tiempo con mi sobrino. También la paso con mis amigos y juego básquetbol.*
Javier:	*¿Ah, en serio? **¡Eso suena divertido! ¿Con qué frecuencia** juegas?*
Josh:	*Jugamos **todos** los martes por la tarde. **Disfruto** realmente **jugar** básquetbol. ¿Sales por la noche **alguna vez**?*
Javier:	***A veces** voy al cine. ¿Te **gusta ir** al cine?*
Josh:	*Para decirte la verdad, no voy al cine **muy seguido**. Prefiero pasar el tiempo con mis amigos, tú sabes, **generalmente** cenamos en el club después de jugar. **Dicho sea de paso**, el martes que viene es mi cumpleaños y haré una fiesta en el club. ¿**Quieres venir**?*
Javier:	*¡Claro, **cuenta conmigo**!*
Josh:	*De acuerdo, ¡**trato hecho**!*

Say it in English!

Estudiemos en detalle cómo se usan algunas de las expresiones que acabas de leer en el diálogo.

a Expresiones para referirnos a las **diferentes partes del día**:

	morning		*la mañana*
in the	afternoon	*por*	*la tarde*
	evening		*la noche*

at night
en la noche

on weekends
en los fines de semana

on Saturdays/Sundays
en sábados/domingos

in your free time
en tu tiempo libre

b Veamos algunos verbos que se usan **para hablar de actividades deportivas**:

go + actividad física:

go	**jogging/running**	***ir** a*	*correr*
	swimming		*nadar*
	walking		*caminar*
	riding		*cabalgar*
	cycling		*andar en bicicleta*
	skating/rollerblading		*patinar*
	skiing		*esquiar*
	snowboarding		*practicar snowboard*

play + deporte con pelota:	
play tennis	***jugar*** *al tenis*
football	*fútbol americano*
baseball	*béisbol*
basketball	*básquet*
soccer	*fútbol*
golf	*golf*
volleyball	*voleibol*

do + tipos de gimnasia:	
do yoga	***hacer*** *yoga*
exercise	*ejercicio*
aerobics	*gimnasia aeróbica*
pilates	*pilates*
karate	*karate*

C Puedes usar estas frases cuando te **comprometes a hacer algo**:

I promise.
Te lo prometo.

That's/It's a deal.
Trato hecho.

Grammar Notes

Lee atentamente estos apuntes claros y breves sobre los temas gramaticales que aparecen en el diálogo.

a El tiempo Presente Simple -**Simple Present** - se usa en estos casos:

- **P**ara describir **situaciones o estados permanentes**:

I **live** in New York.
*Yo **vivo** en Nueva York.*

He **studies** Computer Science.
*Él **estudia** Informática*

- Con adverbios de frecuencia, para describir **hábitos o rutinas**:

He **plays** football **on Saturdays**.
*Él **juega** al fútbol americano **los sábados**.*

She **often goes** cycling.
*Ella **anda** en bicicleta **a menudo**.*

- Para **expresar posesión**, con el verbo **to have** (tener):

You **have** many friends.
***Tienes** muchos amigos.*

He **has** a new car.
***Él tiene** un auto nuevo.*

- Con verbos que expresan **estados mentales, emociones o percepciones**:

I **don't understand** French.
*Yo **no entiendo** francés.*

She **likes** comedies.
*A ella le **gusta** la comedia.*

They **look** tired.
*Ellos **parecen** cansados.*

- Para armar **oraciones afirmativas**, se debe **agregar una «s» al verbo** cuando se usan los pronombres **he, she** o **it**.

I help.	*(Yo ayudo.)*
You help.	*(Usted ayuda./Tú ayudas.)*
He **helps**.	*(Él ayuda.)*
She **helps**.	*(Ella ayuda.)*
It **helps**.	*(Eso ayuda.)*
We help.	*(Nosotros/as ayudamos.)*
You help.	*(Ustedes ayudan.)*
They help.	*(Ellos ayudan.)*

- Cuando haces **una pregunta** debes usar el auxiliar **do** o **does**, que no se traduce. En la tercera persona del singular (he, she, it) al usar el auxiliar **does** para realizar la pregunta, **el verbo no lleva «s»**.

Do I **help**?	*(¿Ayudo yo?)*
Do you **help**?	*(¿Ayudas tú/Ayuda usted?)*
Does he **help**?	*(¿Ayuda él?)*
Does she **help**?	*(¿Ayuda ella?)*
Does it **help**?	*(¿Ayuda eso?)*
Do we **help**?	*(¿Ayudamos nosotros/as?)*
Do you **help**?	*(¿Ayudan ustedes?)*
Do they **help**?	*(¿Ayudan ellos/as?)*

- En las **oraciones negativas** se agrega **not** después de **do** o **does**: **do not / don't** o **does not / doesn't**. Se traduce como **no**. En la tercera persona **he-she-it**, al usar el auxiliar, **el verbo no lleva -*s*.**

I **don't** help.	*(Yo no ayudo.)*
You **don't** help.	*(Tú no ayudas./Usted no ayuda.)*
He **doesn'**t help.	*(Él no ayuda.)*
She **doesn't** help.	*(Ella no ayuda.)*
It **doesn't** help.	*(Eso no ayuda.)*
We **don't** help.	*(Nosotros/as no ayudamos.)*
You **don't** help.	*(Ustedes no ayudan.)*
They **don't** help.	*(Ellos/as no ayudan.)*

b Estudiemos las siguientes **palabras indican frecuencia**:

always: *siempre*

sometimes: *algunas veces*

usually: *usualmente*

rarely: *raramente*

generally: *generalmente*

never: *nunca*

often: *a menudo*

- Estas palabras se llaman **adverbios** y modifican a los verbos. Se colocan, por lo general, **delante del verbo en las oraciones afirmativas**.

She **always** chats with her friends.
*Ella **siempre** chatea con sus amigas.*

He **usually** gets up at 9.
*Él **usualmente** se levanta a las 9.*

- **Después del auxiliar** en las oraciones **negativas**:

She **doesn't always** chat with her friends.
*Ella no chatea **siempre** con sus amigas.*

- **Después del pronombre** en las **interrogativas**:

Do you **always** watch soccer?
*¿**Siempre** miras fútbol?*

- **Sometimes** se usa también al principio de la oración.

Sometimes I wander around the city.

I **sometimes** wander around the city.

***A veces** salgo a caminar por la ciudad.*

- **Ever** se usa en preguntas sobre frecuencia, y significa *alguna vez:*

Do you **ever** go out at night?
*¿Sales **alguna vez** por la noche?*

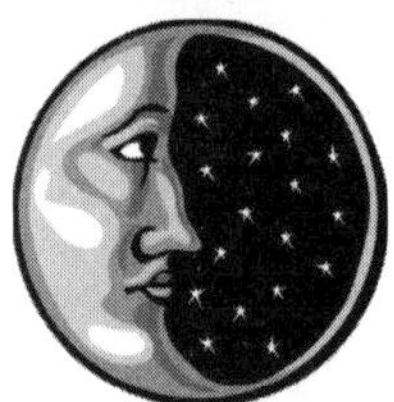

- Si se usa el verbo **to be**, el adverbio se coloca **detrás del verbo**:

She'**s always** busy.
*Ella **está siempre** ocupada.*

He'**s usually** at home in the evenings.
*Él **está usualmente** en su casa por la noche.*

Para **preguntar con qué frecuencia alguien realiza una actividad**, debes usar **How often**:

How often do you
go jogging?
do they go to the movies?

*¿**Con qué frecuencia***
sales a correr?
van ellos al cine?

- Para responder, puedes usar estas frases:

Once *a week*

Una vez *por semana*

Twice *a month*

Dos veces *por mes*

- Para indicar **una frecuencia mayor** se usa el **número + times** (veces):

Three times *a day*

Tres veces *por día*

Ten times *a month*

Diez veces *por mes*

She goes cycling **twice** a week.
*Ella anda en bicicleta **dos veces** por semana.*

I play football **four times** a month.
*Juego fútbol americano **cuatro veces** al mes.*

Puedes usar estos verbos para expresar **cosas** que te gustan o te disgustan:

love	enjoy	hate

I **love** romantic movies.
*Me **encantan** las películas románticas.*

I **enjoy** music.
***Disfruto** la música.*

I **hate** tennis.
***Odio** el tenis.*

e

Para hablar de **actividades** que te agradan o desagradan, usas los mismos verbos **+ otro verbo** terminado **en *ing***.

I **love** playing soccer.
*Me encanta **jugar** fútbol.*

I **enjoy** doing yoga.
***Disfruto** hacer yoga.*

I **hate** getting up early.
***Detesto** levantarme temprano.*

UNIDAD 9

Could we arrange a meeting?

¿Podríamos tener una reunión?

UNIDAD 9

Could we arrange a meeting?

¿Podríamos tener una reunión?

En esta unidad aprenderás
a expresarte con fluidez cuando necesites:

Deletrear nombres

Decir números de teléfono

Hablar por teléfono

Además, te explicaremos de manera simple y clara estos temas gramaticales:

- *hacer pedidos usando* **may, could, can, I'd like to**;
- *responder a pedidos en forma afirmativa o negativa.*

Let's talk!

Carlos Vallejos llama por teléfono a la empresa DBS para concertar una cita de negocios.

Lee el siguiente diálogo

Receptionist:	DBS, good afternoon, **how can I help you?**
Carlos:	Good afternoon, **can I speak with** Andrés Montero, please?
Recept.:	**Hold on, I'll transfer your call**.
Mr. Montero's secretary:	May I help you?
Carlos:	Hello, **I'd like to speak with** Andrés Montero, please.
Secretary:	**Who's calling, please**?
Carlos:	**This is** Carlos Vallejos of Mexicana Producciones.
Secretary:	**I'm afraid** he's in a meeting right now. **May I** take a message?
Carlos:	Yes, please. **Could you tell** him I just got to the hotel and am waiting for his call?
Secretary:	Yes, certainly. **Could** I have your name again, please?
Carlos:	Of course, it's Carlos Vallejos.
Secretary:	**Could** you spell your last name?
Carlos:	That's **V-A-L-L-E-J-O-S.**
Secretary:	Thank you. **Could** I have your telephone number?
Carlos:	My cell phone is 0443123456789.
Secretary:	I'm sorry, could you repeat that?
Carlos:	Yes, that's 0443123456789.
Secretary:	Fine. **I'll give him the** message as soon as he finishes the meeting. **Thank you for calling**. Goodbye.
Carlos:	Thank you. Goodbye.
	(Andrés Montero calls Carlos back later.)
Carlos:	Hello?
Andrés:	Hello, Carlos, **this is** Andrés Montero. **How are you?**
Carlos:	Oh, hi, Andrés, **thank you for returning my call**. I'm fine. **How about you**?
Andrés:	Not bad... Not bad... **So**, you wanted to see me?
Carlos:	Yes, I'd like to talk about the new *telenovelas* we produced. I'm sure you'll be very interested.
Andrés:	Yes, okay, let me see... **Could we meet** tomorrow morning at 9:30?
Carlos:	9:30 is good. See you tomorrow then.
Andrés:	Good, I hope you have good things to show me!

Traducción del diálogo

Recepcionista:	*DBS, buenas tardes.* ***¿En qué puedo ayudarlo?***
Carlos:	*Buenas tardes. ¿**Podría hablar con** Andrés Montero, por favor?*
Recept.:	***No cuelgue, voy a transferir su llamada**.*
Secretaria del señor Montero:	*¿Hola?*
Carlos:	*Hola, **quisiera hablar con** Andrés Montero, por favor.*
Secret.:	***¿Quién habla, por favor?***
Carlos:	***Habla** Carlos Vallejos, de Mexicana Producciones.*
Secret.:	***Me temo** que está en una reunión en este momento. ¿**Podría** tomar un mensaje?*
Carlos:	*Sí, por favor. ¿**Podría decirle** que acabo de llegar al hotel y estoy esperando su llamada?*
Secret.:	*Sí, claro. ¿**Puede** decirme nuevamente su nombre, por favor?*
Carlos:	*Por supuesto, es Carlos Vallejos.*
Secret.:	*¿**Podría** deletrear su apellido?*
Carlos:	*Es **V-A-L-L-E-J-O-S.***
Secret.:	*Muchas gracias. ¿**Podría** decirme su número de teléfono?*
Carlos:	*Mi número de teléfono celular es 0443123456789.*
Secret.:	*Disculpe, ¿podría repetirlo?*
Carlos:	*Sí, es 0443123456789.*
Secret.:	*Bien. **Le daré el mensaje** tan pronto como termine la reunión. **Muchas gracias por llamar**. Adiós.*
Carlos:	*Gracias. Adiós.*
	(Andrés Montero llama a Carlos más tarde.)
Carlos:	*¿Hola?*
Andrés:	*Hola, Carlos, **habla** Andrés Montero.* ***¿Cómo estás?***
Carlos:	*Ah, hola, Andrés, **gracias por devolver mi llamada**. Estoy bien.* ***¿Y tú?***
Andrés:	*Nada mal... Nada mal. Dime, ¿querías verme?*
Carlos:	*Sí, quisiera conversar sobre las nuevas telenovelas que produjimos. Estoy seguro de que te interesarán mucho.*
Andrés:	*Sí, de acuerdo, déjame ver... ¿**Podríamos** encontrarnos mañana a las 9:30 de la mañana?*
Carlos:	*A las 9:30 está bien. Nos vemos mañana, entonces.*
Andrés:	*Bien, ¡espero que tengas buenas cosas para mostrarme!*

Say it in English!

Estudiemos en detalle cómo se usan algunas de las expresiones que acabas de leer en el diálogo.

a **The alphabet** El abecedario

Fíjate cómo se pronuncian las letras del abecedario. Aprenderlas te será muy útil y necesario para deletrear nombres de personas, ciudades, calles, entre otras cosas.

A (éi)	**B** (bii)	**C** (sii)	**D** (dii)	**E** (ii)	**F** (ef)	**G** (**sh**ii)	**H** (éich)
I (ái)	**J** (**sh**éi)	**K** (kéi)	**L** (el)	**M** (em)	**N** (en)	**O** (óu)	**P** (pii)
Q (kiú)	**R** (ar)	**S** (es)	**T** (tii)	**U** (iuú)	**V** (vii)	**W** (dábliu)	**X** (eks)
Y (uái)	**Z** (zii)						

b

Cuando tienes que **deletrear una palabra** puede haber letras que suenen muy parecidas o causen confusión. Para aclararlas, puedes recurrir a una palabra simple, que todos conozcan, que comience con esa letra:

p **as in** pilot
*p **como en** piloto*

b **as in** baby
*b **como en** bebé*

t **as in** tiger
*t **como en** tigre*

d **as in** December
*d **como en** diciembre*

- Could you spell your name, please? - Yes, that's Vallejos. V **as in** Victor, A **as in** April, L **as in** lobby, another L **as in** lobby, E **as in** elephant, J **as in** John, O **as in** Oregon, S **as in** Sam.	*- ¿Podría deletrear su nombre, por favor?* *- Sí, es Vallejos. V **como en** Victor, A **como en** abril, L **como en** lobby, otra L **como en** lobby, E **como en** elefante, J **como en** John, O **como en** Oregon, S **como en** Sam.*

c Phone numbers - Los números telefónicos:

- Fíjate cómo se dicen los números de teléfono:

What's your phone number?

It's 2 1 3 7 4 4 6 0 9 2

two-one- three-seven-four- four-six-**oh**-nine-two

- 0 también puede decirse **zero**

two-one- three-seven-four- four-six-**zero**-nine-two

d Phone Language - Lenguaje telefónico

- Cuando **pides hablar con una persona**, al transferir la llamada te dirán:

Just a moment, **I'll put you through.**
*Un momento, **lo comunico.***

Just a minute**, I'll transfer your call.**
*Un minuto**, transferiré su llamada.***

Hold on, **I'll connect you.**
*No cuelgue**, lo comunico.***

- Cuando quien contesta el teléfono es la persona con la que se quiere hablar, se dice:

Speaking. / *Habla él/ella.*

-Can I speak to Andrés Montero?
-¿Podría hablar con Andrés Montero?

-**Speaking**. / ***-Habla él.***

- Para preguntar **quién llama**, dirás:

Who's calling? / *¿Quién llama?*

- **Para decir quién eres** por teléfono, no dices I am sino **This is**:

This is Carlos.
Soy *Carlos. /* ***Habla*** *Carlos.*

Hello, **this is** Carlos Vallejos, of Mexicana Producciones.
Hola, ***habla*** *Carlos Vallejos, de Mexicana Producciones.*

- En una situación más informal puedes usar **It's**:

Hi, Steve. **It's** Paul.
Hola, Steve. ***Soy*** *Paul.*

- Para **pedir hablar con una persona**, también puedes decir:

Is David **there**, please?
*¿****Está*** *David* ***allí****, por favor?*

- Y si no estás seguro si estás hablando con la persona correcta, preguntarás:

Hello, **is that** Kathy?
*Hola, ¿**habla** Kathy?*

- Para indicar **la razón de tu llamada**, puedes decir:

I'm calling about an interview.
***Llamo por** una entrevista.*

I'm calling to arrange a sales meeting.
***Llamo para** concertar una reunión de ventas.*

- Cuando informas que la persona con la que quieren hablar no está, puedes **pedir que dejen su nombre y número de teléfono.**

I'm sorry, he's in a meeting right now. **If you give me** your name and number, **I'll ask him** to call you back.

*Lo siento, él está en una reunión en este momento. **Si me dice** su nombre y número de teléfono, **le pediré** que le devuelva la llamada.*

- Para **agradecer una llamada**, puedes decir:

Thank you for calling.
Gracias por llamar.

Thank you for calling me back.
Thank you for returning my call.
Gracias por devolver mi llamada.

- Los verbos **take** (tomar) y **leave** (dejar) en el lenguaje telefónico:

Cuando **te ofreces** a **tomar un mensaje** o **pides que alguien tome un mensaje** usas **take**:

Could I **take** a message?
*¿Puedo **tomar** un mensaje?*

Cuando preguntas si puedes **dejar un mensaje**, usas **leave**:

Can I **leave** a message?
*¿Puedo **dejar** un mensaje?*

- Para **no repetir una pregunta** que te han hecho, puedes usar estas frases:

How are you?,
I'm very well, thank you.
How about you? / And you?

¿Cómo estás?,
Muy bien, gracias. ***¿Y tú?***

Grammar Notes

Lee atentamente estos apuntes claros y breves sobre los temas gramaticales que aparecen en el diálogo.

a **Requests** / Pedidos

Cuando necesitas **pedir algo** debes usar estos auxiliares:

Más formal

May *(¿Podría?)*
Could *(¿Podría/s?)*

Más informal

Can *(¿Puede/s?)*

May I ask you a question?
*¿**Puedo** hacerle una pregunta?*

Could I have your phone number, please?
*¿**Podría** darme su número de teléfono, por favor?*

Can you spell your last name?
*¿**Puedes** deletrear tu apellido?*

- El orden en que armas la frase es el siguiente:

Could	I	have	your	phone number, please?
Auxiliar	Pronombre Sujeto	Verbo	Pronombre Objeto	Complemento

May I help you?
*¿**Puedo** ayudarlo?*

Could you send me an email, please?
*¿**Podrías** enviarme un e-mail, por favor?*

Can you repeat your name?
*¿**Puede** repetir su nombre?*

Recuerda

May *sólo se usa con el pronombre* **I***, y no es necesario agregar* **please**.

May I *leave a message?*
*¿**Puedo** dejar un mensaje?*

- Para responder afirmativamente, puedes decir:

Más formal:	Yes, **certainly**.	*Sí, **claro**.*
	Yes, **of course**.	*Sí, **por supuesto**.*
Más informal:	**Sure**	*Sí/De acuerdo/Está bien*
	Okay	
	Uh-huh	

- Para dar una **respuesta negativa**, puedes **disculparte** y **dar una razón**:

I'm sorry, **but** he's not in right now.
__Lo siento, pero__ no está aquí en este momento.

I'm afraid he's in a meeting right now. Can I take a message?
__Me temo que__ está en una reunión en este momento. ¿Puedo tomar un mensaje?

- Otra manera de **hacer un pedido** es, como ya vimos en la **Unidad 5**, usando **would like to** (**'d like**):

I'd like to speak with Andrés Montero, please.
__Quisiera__ hablar con Andrés Montero, por favor.

We'd like to have an interview with him.
__Nos gustaría__ tener una entrevista con él.

I'd like to leave a message.
__Quisiera__ dejar un mensaje.

También puedes consultar la **Unidad 2,** en la que explicamos cómo hacer pedidos usando **Will, Would, Would you mind**.

UNIDAD 10

We have two children

Tenemos dos hijos

UNIDAD 10

We have two children

Tenemos dos hijos

En esta unidad aprenderás a expresarte con fluidez cuando necesites:

Mantener la atención en una conversación

Nombrar algo para lo que no encuentras una palabra adecuada

Resumir y cerrar una enumeración

Expresar expectativas

Sugerir de manera amable

Hablar sobre la edad

Describir rasgos físicos

Además, te explicaremos de manera simple y clara estos temas gramaticales:

- *el verbo* ***to have*** *en oraciones afirmativas, negativas e interrogativas en presente simple*
- *los pronombres objeto*
- *uso de* ***both***

Let's talk!

Pablo conversa con Mario Rivera, el Gerente de Marketing, sobre su familia y le muestra algunas fotos de su mujer y sus dos hijos.

Lee el siguiente diálogo

Mario:	So, Pablo, I heard your wife is coming soon, when does she get here?
Pablo:	She'll be here in two weeks. She has to arrange some **stuff** in Mexico before coming, **you know**, our apartment, my daughter's kindergarten... **And so on**... I **can't wait** to see **them**!
Mario:	Oh, **do you have** children?
Pablo:	Yes, we'**ve got** two kids. Here, I'**ve got** a picture. This is my wife, Ana, this is my daughter, Connie, and this is our son, Martín.
Mario:	Nice picture. **How old** are they?
Pablo:	Connie'**s** 4, and Martin'**s** 2.
Mario:	They look just like your wife.
Pablo:	Yes, fortunately! They **both have big brown eyes** and **light hair**. But, with Martin's nose and mouth, he looks more like my side of the family.
Mario:	What about the rest of your family? Do they all live in Mexico?
Pablo:	Yes, my **parents** live in Mexico DF with my younger **sister**, Julia. And I **have** a twin **brother**, Fernando. He **has** a small restaurant in Cancún. We're very close, I'm going to miss **them**, but this is a very good opportunity for **me**, I don't want to miss the boat!
Mario:	You're right. Besides, **you can always** go there for vacation.

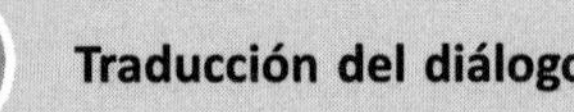

Traducción del diálogo

Mario:	*Entonces, Pablo, escuché que tu esposa viene pronto, ¿cuándo llega aquí?*
Pablo:	*Estará aquí en dos semanas. Tiene que arreglar algunos* ***asuntos*** *en México antes de venir,* ***tú sabes****, nuestro departamento, el kinder de mi hija y* ***cosas por el estilo****… ¡****No veo la hora*** *de verlos!*
Mario:	*Ah, ¿****tienes hijos****?*
Pablo:	*Sí,* ***tengo*** *dos hijos. Aquí* ***tengo*** *una foto. Ésta es mi esposa, Ana; ésta es mi hija, Connie; y éste es nuestro hijo, Martín.*
Mario:	*Qué bonita fotografía. ¿****Cuántos años*** *tienen?*
Pablo:	*Connie* ***tiene*** *4, y Martín* ***tiene*** *2.*
Mario:	*Se parecen mucho a tu esposa.*
Pablo:	*Sí, ¡por suerte!* ***Ambos tienen*** *grandes ojos marrones y el pelo claro. Pero la nariz y la boca de Martín son más parecidas a la familia de mi lado.*
Mario:	*¿Y el resto de tu familia? ¿Viven todos en México?*
Pablo:	*Sí, mis* ***padres*** *viven en México DF con mi* ***hermana*** *menor, Julia. Y* ***tengo*** *un* ***hermano*** *gemelo, Fernando. Él* ***tiene*** *un pequeño restaurante en Cancún. Somos muy unidos, voy a extrañar****los****, pero ésta es una oportunidad muy buena para mí, y ¡no quise perdérmela!*
Mario:	*Tienes razón. Además,* ***siempre puedes*** *ir allí de vacaciones.*

Say it in English!

Estudiemos en detalle cómo se usan algunas de las expresiones que acabas de leer en el diálogo.

a Cuando quieres **mantener la atención de la persona con la que estás hablando, asumiendo que entiende a qué te refieres**, puedes usar la frase **you know**:

She has to arrange some stuff there, **you know**, sell the apartment, the car...

*Ella tiene que encargarse de algunas cosas, **tú sabes,** vender el departamento, el auto...*

We're very close, **you know**, I'm going to miss them.

*Somos muy unidos, **tú sabes**, voy a extrañarlos.*

b Cuando **no encuentras la palabra para definir algo** sobre lo que estás hablando o **no consideras importante hacerlo**, puedes usar la palabra **stuff.**

She has to arrange some **stuff** there.

*Ella tiene que encargarse de algunos **asuntos** allí.*

I have to buy some **stuff** for our new apartment.

*Tengo que comprar algunas **cosas** para nuestro nuevo departamento.*

c Cuando quieres **resumir una lista de cosas o situaciones**, puedes usar la frase **and so on**:

She has to rent our apartment, sell our car, quit her job, **and so on**.

Ella tiene que alquilar nuestro departamento, vender nuestro auto, dejar su trabajo ***y cosas por el estilo****.*

We have to look for an apartment, find a kindergarten for our daughter, **and so on**.

Tenemos que buscar un departamento, encontrar un kinder para nuestra hija ***y cosas por el estilo****.*

d Cuando tienes muchas **expectativas de que algo suceda** puedes usar esta expresión:

I can't wait to see them!
*¡**No veo la hora** de verlos!*

I can't wait to travel there!
*¡**No veo la hora** de viajar allí!*

e Cuando quieres **sugerir algo de manera amable**, puedes decir:

You can always go there for vacation.
***Siempre puedes** ir allí de vacaciones.*

You can always invite them to come.
***Siempre puedes** invitarlos a venir.*

Cuando queremos **hablar sobre la edad**, decimos:

How old are you? *¿Cuántos años **tienes** tú?*
I'**m** 35 **years old**. ***Tengo** 35 años.*
I'**m** 35. ***Tengo** 35.*

Recuerda

*Para hablar de la **edad** en inglés debes usar el verbo **to be**:*

How old ***are*** you?
*¿Cuántos años **tienes** tú?*

I am *35 years old.*
Tengo *35 años.*

She is *29.*
Ella tiene *29.*

Fíjate en estos adjetivos que puedes usar para **describir los rasgos y la apariencia física** de una persona:

Hair *(pelo)*: **Black**: *negro*; **Blond/blonde/Fair**: *rubio/rubia*; **Brown**: *castaño*;

Dark: *oscuro*; **Light**: claro; **Gray**: *gris*; **Red-haired**: *pelirrojo*;

Brunette: *mujer de pelo castaño*; **Curly**: *rizado*;

Wavy: *ondulado*; **Straight**: *liso*; **Long**: *largo*; **Short**: *corto*.

Built *(contextura)*: **Average height**: *altura media*; **Short**: *bajo*; **Tall**: *alto*;

Heavy/Fat: *gordo*; **Obese**: *obeso*; **Skinny**: *muy flaco*;

Slim: *delgado*; **Stocky**: *robusto*; **Thin**: *flaco*.

- En las **descripciones** puedes usar los verbos **to have** o **to be**:

She **has long, wavy hair**.
*Ella **tiene pelo largo y ondulado**.*

She**'s red-haired**.
*Ella **es pelirroja**.*

She **has light-brown hair**.
*Ella **tiene pelo castaño claro**.*

He**'s of average height**.
*Él **es de estatura mediana**.*

She's **skinny**.
*Ella **es muy delgada**.*

Grammar Notes

Lee atentamente estos apuntes claros y breves sobre los temas gramaticales que aparecen en el diálogo.

a El verbo **to have**

El verbo **to have** (tener) puede usarse de dos maneras con el mismo significado:

have
I have two children.

have got
I have got two children.

I **have/have got** *(Yo tengo)*

You **have/have got** *(Usted tiene/Tú tienes)*

He **has/has got** *(Él tiene)*

She **has/has got** *(Ella tiene)*

It **has/has got** *(Ello tiene)*

We **have/have got** *(Nosotros tenemos)*

You **have/have got** *(Ustedes tienen)*

They **have/have got** *(Ellos tienen)*

Recuerda

Con **He**, **She**, **It** se usa **has** en vez de **have**.
Have no se usa en su forma contraída.
Siempre debes usar **have** o **has**.

My brother **has** a small restaurant.
Mi hermano **tiene** un pequeño restaurante.

They **both have** big brown eyes.
Ambos tienen grandes ojos marrones.

- Fíjate que **have got** o **has got** pueden usarse en su forma contraida **'ve got/'s got**.

We'**ve got** two kids.
***Tenemos** dos hijos.*

I'**ve got** a picture.
***Tengo** una fotografía.*

- Las **negaciones** se forman de esta manera:

don't/ doesn't + have:

My brother **doesn't have** a small restaurant
*Mi hermano **no tiene** un pequeño restaurante.*

They **don't have** brown eyes.
*Ellos **no tienen** ojos marrones.*

I **don't have** a brother.
*Yo **no tengo** un hermano.*

Haven't got/hasn't got:

I **haven't got** a picture.
*Yo **no tengo** una fotografía.*

We **haven't got** two kids.
*Nosotros **no tenemos** dos hijos.*

She **hasn't got** a restaurant.
*Ella **no tiene** un restaurante.*

- Para hacer preguntas en presente, **Do**, **Does** o **Have** se colocan al principio de la oración:

Does your brother **have** a small restaurant?
*¿Tu hermano **tiene** un pequeño restaurante?*

Do you **have** children?
*¿**Tienes** hijos?*

Have you **got** brothers and sisters?
*¿**Tienes** hermanos o hermanas?*

b Los **pronombres objeto**

Los **pronombres objeto** son pronombres personales que se usan **después del verbo**. Fíjate la correspondencia entre los pronombres:

Pronombre sujeto (delante del verbo)		Pronombre objeto (después del verbo)	
I	*(yo)*	**me**	*(me - a mí)*
You	*(tú)*	**you**	*(te - a ti)*
He	*(él)*	**him**	*(le - lo - a él)*
She	*(ella)*	**her**	*(le- la - a ella)*
It	*(ello)*	**it**	*(le - lo - a ello)*
We	*(nosotros/as)*	**us**	*(nos - a nosotros/tras)*
You	*(ustedes)*	**you**	*(a ustedes)*
They	*(ellos/ellas)*	**them**	*(les - las - los - a ellos/as)*

- Veamos estos ejemplos:

You're showing **me** the pictures.
*Tú **me** estás mostrando las fotografías.*

I'm listening to **you**.
*Yo **te** estoy escuchando.*

Pablo is showing **him** some photos.
*Pablo **le** muestra **(a él)** algunas fotos.*

I'm looking at **her**.
*Yo **la** estoy mirando **(a ella)**.*

I've got **it**.
*Yo **la/lo** tengo.*

We're listening to **you**.
*Nosotros **los** estamos escuchando (a ustedes).*

You are talking to **us**.
*Ustedes **nos** están hablando.*

Mario is looking at **them**.
*Mario **las/los** está mirando.*

C Uso de **both**

They **both** have big brown eyes.
***Ambos** tienen grandes ojos marrones.*

- Cuando hablas de **dos cosas o personas**, puedes usar **both** (ambos/as):

Both children have brown eyes.
***Ambos niños** tienen ojos marrones.*

They both have long hair.
***Ambos** tienen pelo largo.*

UNIDAD 11

Tell me about your experience

Cuéntame sobre tu experiencia

UNIDAD 3

Tell me about your experience

Cuéntame sobre tu experiencia

En esta unidad aprenderás a expresarte con fluidez cuando necesites:

Entender y hacer preguntas en una entrevista de trabajo

Redactar un modelo de currículum

Además, te explicaremos de manera simple y clara estos temas gramaticales:

- el ***pasado simple*** del verbo **to be**: oraciones afirmativas, negativas e interrogativas
- el ***pasado simple*** con los verbos regulares: oraciones afirmativas, negativas e interrogativas
- *palabras que se usan frecuentemente con el pasado simple:* ***yesterday***, ***ago***, ***last***.

Let's talk!

Mónica tiene una entrevista de trabajo con el Jefe de Terapia Intensiva del New York Hospital, donde trabaja la hermana de Clara.

Lee el siguiente diálogo

Dr. Ross:	Good morning, Mónica, I'm John Ross, the Head of the Intensive Care Unit.
Mónica:	Nice to meet you, Dr. Ross...
Dr. Ross:	Nice to meet you too. Please, take a seat. Well, **yesterday** Paula Ríos told me you were looking for a job as a nurse. Tell me about your experience.
Mónica:	I'd be glad to... For your reference, here is my resume. I **graduated** as a nurse at the Universidad Panamericana in 2003.
Dr. Ross:	What **was** your first job?
Mónica:	I **worked** for the Hospital Angeles, as an assistant nurse in the neonatal unit, for a year or so. It **was** a great experience, I **learned** a lot about newborns and the special care they need.
Dr. Ross:	I see. And after that?
Mónica:	The supervisor **was** very happy with my work, so she promoted me to the Intensive Care Unit.
Dr. Ross:	And how long **did** you **work** there?
Mónica:	I **worked** there until **last** June.
Dr. Ross:	What do you like most about your job?
Mónica:	I love helping people recover from an illness or an operation. It takes a lot of patience and love to be a nurse. I think our job is very important.
Dr. Ross:	I totally agree One last question, why did you decide to come to the U.S.?
Mónica:	I saw on the Internet that there were a lot of positions available for experienced nurses, so a year **ago** I decided to try my luck. I got my visa, bought a ticket to New York, received my Registered Nurse Certification and started a course to improve my English.
Dr. Ross:	Well, your English is actually very good, and you don't need to look for a job anymore... You're hired.

Traducción del diálogo

Dr. Ross: *Buenos días, Mónica, soy John Ross, el Director de la Unidad de Cuidados Intensivos.*

Mónica: *Encantada de conocerlo, Dr. Ross...*

Dr. Ross: *Encantado de conocerla a usted también. Siéntese, por favor. Bueno,* ***ayer*** *Paula Ríos me dijo que estaba buscando trabajo como enfermera. Cuénteme qué experiencia tiene.*

Mónica: *Con todo gusto... Para más información, aquí tiene mi currículum. Me* ***recibí*** *de enfermera en la Universidad Panamericana en 2003.*

Dr. Ross: *¿Cuál* ***fue*** *su primer trabajo?*

Mónica: ***Trabajé*** *en el Hospital Ángeles como enfermera asistente en la unidad neonatal durante un año, aproximadamente.* ***Fue*** *una gran experiencia,* ***aprendí*** *mucho sobre los recién nacidos y el cuidado especial que necesitan.*

Dr. Ross: *Entiendo. ¿Y después de eso?*

Mónica: *La supervisora* ***estaba*** *muy contenta con mi trabajo, así que me promovió a la Unidad de Cuidados Intensivos.*

Dr. Ross: *¿Y cuánto tiempo* ***trabajó*** *allí?*

Mónica: ***Trabajé*** *allí hasta junio* ***pasado****.*

Dr. Ross: *¿Qué es lo que más le gusta de su trabajo?*

Mónica: *Me encanta ayudar a la gente para que se recupere de una enfermedad o una operación. Hace falta mucha paciencia y amor para ser enfermera. Creo que nuestro trabajo es muy importante.*

Dr. Ross: *Estoy totalmente de acuerdo. Una última pregunta, ¿por qué decidió venir a los Estados Unidos?*

Mónica: *Vi en Internet que había muchos puestos vacantes para enfermeras con experiencia, entonces un año* ***atrás*** *decidí probar suerte. Obtuve mi visa, compré un pasaje a Nueva York, recibí mitítulo de enfermera y comencé un curso para mejorar mi inglés.*

Dr. Ross: *Bien, su inglés es muy bueno realmente y ya no necesita más buscar trabajo... Está contratada.*

Say it in English!

Estudiemos en detalle cómo se usan algunas de las expresiones que acabas de leer en el diálogo.

a Veamos algunas **preguntas típicas** que podrán hacerte en una **entrevista de trabajo**:

Tell me about your experience.
Cuénteme sobre su experiencia.

Tell me about yourself.
Cuénteme sobre usted.

What's your current job?
¿Cuál es su trabajo actual?

What do you do?
¿Cuál es su trabajo?

What do you know about our company?
¿Qué sabe de nuestra empresa?

Why did you leave your last job?
¿Por qué dejó su último trabajo?

Why should I hire you?
¿Por qué debería contratarlo?

Do you have any references?
¿Tiene alguna referencia?

When can you start?
¿Cuándo puede comenzar?

b Ahora leamos algunas **preguntas que puedes hacer tú**:

Do I have to work overtime? *¿Tengo que trabajar horas extra?*	**What would my duties be?** *¿Cuáles serían mis obligaciones?*
Do I have to work shifts? *¿Tengo que trabajar por turnos?*	**Is this a part-time or a full-time job?** *¿Es un trabajo de medio tiempo o de tiempo completo?*
What are the hours? *¿Cuál es el horario de trabajo?*	**Will I receive benefits?** *¿Recibiré prestaciones?*

Grammar Notes

Lee atentamente estos apuntes claros y breves sobre los temas gramaticales que aparecen en el diálogo.

a El Pasado Simple **Simple Past**

Se usa para hablar de acciones, estados o situaciones **que ocurrieron en el pasado y ya están terminadas**.

- Veamos el **pasado** del verbo **to be en afirmaciones:**

I **was** *(Yo fui/estuve)*
You **were** *(Tú fuiste/estuviste) (Usted fue/estuvo)*
He **was** *(Él fue/estuvo)*
She **was** *(Ella fue/estuvo)*
It **was** *(Eso fue/estuvo)*
You **were** *(Ustedes fueron/estuvieron)*
We **were** *(Nosotros/as fuimos/estuvimos)*
They **were** *(Ellos/as fueron/estuvieron)*

It **was** a great experience.
__Fue__ una gran experiencia.

The supervisors **were** very happy with my work.
Los supervisores __estaban__ muy contentos con mi trabajo.

- Para formar **oraciones negativas**, se agrega **not** después de **was** o **were**, y al hablar usas las formas contraídas **wasn't/weren't**:

It **wasn't** a great job.
No __era__ un gran trabajo.

We **weren't** at home yesterday.
No __estábamos__ en casa ayer.

- Para hacer **preguntas**, colocas **was** o **were** delante del pronombre:

It **was** a good job.
__Era__ un buen trabajo.

They **were** doctors.
Ellos __eran__ médicos.

Was it a good job?
¿__Era__ un buen trabajo?

Were they doctors?
¿Ellos __eran__ médicos?

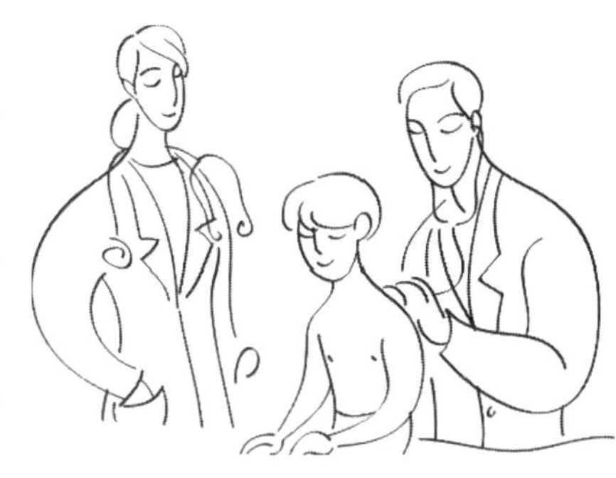

- Para dar **respuestas cortas** a **preguntas por sí o por no**, usas **was/ were/ wasn't/ weren't**:

Was it a good job? *¿**Era** un buen trabajo?*	**Were** they doctors? *¿**Eran** médicos?*
Yes, it **was**. *Sí, lo **era**.*	Yes, they **were**. *Sí, lo **eran**.*
No, it **wasn't**. *No, no lo **era**.*	No, they **weren't**. *No, no lo **eran**.*

- Veamos qué sucede **con los demás verbos**:

Los verbos se dividen en **regulares e irregulares** según cómo forman el pasado.

- Verbos regulares:
Forman el pasado agregando **–ed** (o **–d** si terminan en **–e)** al final del verbo:

work	work**ed**
learn	learn**ed**
want	want**ed**
decide	decide**d**
graduate	graduate**d**
pass	pass**ed**

- **Verbos irregulares:**
Generalmente se **modifica una parte o toda la palabra**:

get	**got**
find	**found**
think	**thought**

Estudiaremos los verbos irregulares con más detalle en la **Unidad 12**.

- En el pasado, los verbos regulares e irregulares (excepto, como ya vimos, el verbo **to be) se usan de la misma manera con todos los pronombres**.

Leamos estos ejemplos con el verbo **arrive** en **afirmaciones**:

I arrive**d** *Yo llegué*

You arrive**d** *Tú llegaste/Usted llegó*

He arrive**d** *Él llegó*

She arrive**d** *Ella llegó*

It arrive**d** *Eso llegó*

We arrive**d** *Nosotros/as llegamos*

You arrive**d** *Ustedes llegaron*

They arrive**d** *Ellos/Ellas llegaron*

- Para hacer **preguntas**, se coloca el auxiliar **did** delante de los pronombres, con todas las personas. Cuando se usa el auxiliar, el verbo se usa en **infinitivo**, es decir, sin el agregado de –**ed** o –**d**:

Did	I you he she we you they	**arrive**?

When **did**	I you he she we you they	**start**?

Did she **arrive** at the hospital?
*¿Ella **llegó** al hospital?*

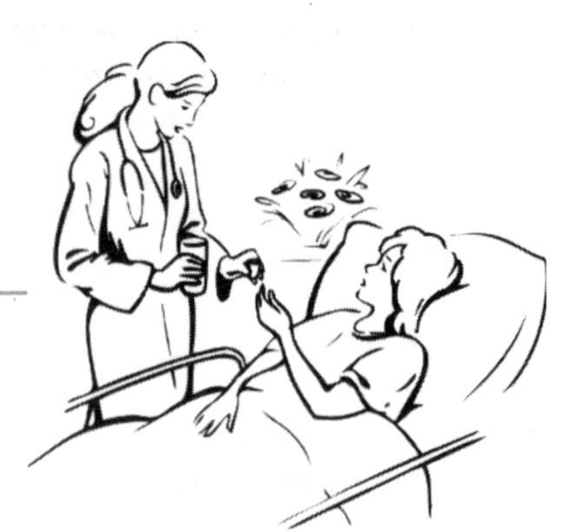

When **did** she **arrive**?
*¿Cuándo **llegó** ella?*

- Para formar **oraciones negativas,** agregas **not** después del auxiliar **did.** Cuando hablas, usas la contracción **didn't**:

I **didn't** work at the Angeles Hospital.
***No trabajé** en el Hospital Ángeles.*

I **didn't** pass my test.
***No aprobé** mi examen.*

Recuerda

No debes agregarle **–ed** o**-d** al verbo cuando estés haciendo una pregunta o una negación con el tiempo pasado:

Did she **graduate** in 2004?
¿Ella **se graduó** en 2004?

She **didn't graduate** in 2004.
Ella **no se graduó** en 2004.

- Cuando se usa el pasado simple, pueden usarse estas palabras que indican tiempo pasado:

yesterday: ayer

Yesterday Clara told me you were looking for a job.
***Ayer** Clara me dijo que estabas buscando trabajo.*

También puedes usar:

yesterday morning
***ayer** por la mañana*

yesterday afternoon
***ayer** por la tarde*

yesterday evening
***ayer** por la noche*

last: pasado

I **worked** there until **last June**.
***Trabajé** allí hasta **junio pasado**.*

También puedes decir:

last Thursday
*el jueves **pasado***

last night / *anoche*

last week / *la semana **pasada***

last month / *el mes **pasado***

last year / *el año **pasado***

ago: atrás

I **graduated** four years **ago**.
***Me gradué** cuatro años **atrás**.*

También puedes decir:

two days **ago**
*dos días **atrás***

a week **ago**
*una semana **atrás***

three months **ago**
*tres meses **atrás***

- Veamos el pasado de algunos verbos regulares que se usan frecuentemente:

answer	*(contestar)*	answered
ask	*(preguntar)*	asked
call	*(llamar)*	called
cook	*(cocinar)*	cooked
help	*(ayudar)*	helped
invite	*(invitar)*	invited
like	*(gustar)*	liked
live	*(vivir)*	lived
look	*(mirar)*	looked
love	*(amar)*	loved
need	*(necesitar)*	needed
open	*(abrir)*	opened
play	*(jugar)*	played
rain	*(llover)*	rained
hire	*(contratar)*	hired
stay	*(quedarse)*	stayed
stop	*(detener)*	stopped
study	*(estudiar)*	studied
talk	*(conversar)*	talked
travel	*(viajar)*	traveled
try	*(intentar)*	tried
wait	*(esperar)*	waited
walk	*(caminar)*	walked
want	*(querer)*	wanted
watch	*(observar)*	watched
work	*(trabajar)*	worked

UNIDAD 12

We could go on a double date

Podríamos salir con otra pareja

UNIDAD 12

We could go on a double date

Podríamos salir con otra pareja

En esta unidad aprenderás a expresarte con fluidez cuando necesites:

Usar o entender el significado de las interjecciones

Hacer sugerencias

Preguntar el significado de una palabra

Expresar que te estás divirtiendo

Además, te explicaremos de manera simple y clara estos temas gramaticales:

- *uso de* **get used to**, **be used to** *y* **used to** *para expresar que se está acostumbrando a algo*
- *pasado simple, verbos irregulares*

Let's talk!

María está conversando con su primo Chris sobre cómo se siente en Miami. María le cuenta que se siente bien, pero que extraña un poco a su familia y a su ex novio, con el cual cortó su relación antes de viajar. Chris le cuenta que él está saliendo con una chica que se llama Ana. Ana tiene un hermano, y Chris le sugiere a María salir los cuatro juntos.

Lee el siguiente diálogo

Chris:	Are you **getting used** to Miami?
María:	**Um**, it's fine...in general... sometimes I feel a little homesick, though. I miss my parents, my sister...
Chris:	**Uh-huh**... Let me guess, anybody else?
María:	Well, **to be honest**, I **had** a boyfriend, Lorenzo. Sometimes I miss him **too**... We **used to** spend a lot of time together...
Chris:	**Why don't** you call **him**, or send him an email...?
María:	**Uh**, I don't think that's a good idea... We **broke up** before I **came** here. We're very **different**... He's a very good person, he's very responsible and a hard worker, but he's **also** very **jealous and possessive**. And I'm totally different, I'm **easy going**, **friendly**, **talkative**. We weren't a good match, really. And you? Do you have a girlfriend?
Chris:	Yes, well... **Um,** actually, she's not my girlfriend yet, we're dating... Her name's Ana. I **met** her about a month ago... She's very **funny**, **smart**, **sweet**... And so pretty...We hit it off immediately.
María:	**Hey! It sounds like** you're totally in love with her!
Chris:	Maybe, I don't know, **time will tell**... **Listen**, Ana has a brother, Greg. He's a very nice guy, **we could** go on a double date...
María:	Double date? **What do you mean? I don't understand.**
Chris:	**I mean we could** go out together, the four of us, you know, have some beer, go to the movies...
María:	**Um**...Well, I don't know...
Chris:	**Come on! We'll have fun!** And you'll forget about your jealous boyfriend... You'll have to move on someday!

Traducción del diálogo

Chris: ¿Te **estás acostumbrando** a Miami?

María: **Eh**, está bien... en general... Aunque a veces extraño mi país. Extraño a mis padres, a mi hermana...

Chris: **Ajá**... Déjame adivinar, ¿a alguien más?

María: Bueno, **para serte sincera**, **tenía** un novio, Lorenzo. A veces lo extraño a él **también**, **solíamos** pasar mucho tiempo juntos...

Chris: ¿**Por qué no** lo llamas o le envías un e-mail?

María: **Eh**... No creo que sea una buena idea... **Rompimos** nuestra relación antes de que yo viniera aquí. Somos muy **diferentes**... Él es una muy buena persona, es muy responsable y trabajador, pero es **también** muy **celoso** y **posesivo**. Y yo soy totalmente diferente, **tengo buen carácter**, **soy amigable**, **conversadora**. No éramos una buena pareja, realmente. ¿Y tú? ¿Tienes novia?

Chris: Sí, bueno... **Eh,** en realidad no es mi novia todavía, estamos saliendo... Su nombre es Ana. La **conocí** hace casi un mes... Es muy **divertida**, **inteligente**, **dulce**...y tan **bonita**... Nos llevamos bien inmediatamente.

María: **¡Vaya!** **¡Suena como si** estuvieras totalmente enamorado de ella!

Chris: Quizás, no lo sé, **el tiempo dirá**... **Oye**, Ana tiene un hermano, Greg. Es un chico muy agradable, **podríamos** salir las dos parejas...

María: ¿Salir las dos parejas? ¿**Qué quieres decir**? **No entiendo**.

Chris: **Quiero decir que** podríamos salir juntos, los cuatro, ya sabes, a tomar cerveza, ir al cine...

María: **Eh**... Bueno, no lo sé...

Chris: **¡Vamos! ¡Nos vamos a divertir!** Y tú te olvidarás de tu novio celoso... ¡Tienes que superarlo algún día!

Say it in English!

Estudiemos en detalle cómo se usan algunas de las expresiones que acabas de leer en el diálogo.

a Las **interjecciones** o **exclamaciones** se usan con mucha frecuencia al hablar y pueden tener diferentes significados. Veamos en qué casos se usan las más comunes:

Ah

-para expresar placer:
Ah, I love chocolate.
***Ah**, me encanta el chocolate.*

-cuando te das cuenta de algo:
Ah, now I understand.
***Ah**, ahora entiendo.*

Uh

-para expresar duda o tomarse tiempo para pensar:

Uh, I don't think that's a good idea.
***Eh**...no creo que ésa sea una buena idea.*

Um

Um, it's fine...in general.
***Eh**, está bien, en general.*

Uh-huh

-para demostrar interés en una conversación o que se está de acuerdo con algo que se dijo:

Uh-huh... Let me guess, anybody else?
***Ajá**... Déjame adivinar... ¿Alguien más?*

Uh-oh

-para expresar preocupación, o que se ha cometido un error:

Uh-oh, I don't speak Spanish.
***Eh**, yo no hablo español.*

Hey!

-para expresar sorpresa, alegría:

Hey! You look great!
*¡**Vaya!** Te ves muy bien.*

Huh?

–para buscar confirmación:

Comfortable apartment, **huh?**
*Es un apartamento cómodo, **¿no?***

b Estas expresiones pueden usarse cuando te sinceras:

To tell you the truth, sometimes I miss my family. ***Para decirte la verdad,*** *a veces extraño a mi familia.*	**To be honest,** I think we weren't a good match. ***Para serte sincera,*** *creo que no éramos una buena pareja.*

c Cuando queremos **sugerir algo**, se pueden usar estas frases:

Let's **go out together!**
*¡Salgamos **juntos!***

Why don't we go to the movies?
*¿**Por qué no** vamos al cine?*

Do you want to go for a walk?
*¿**Quieres** ir a caminar?*

Why not go to see the match?
*¿**Por qué no** vamos a ver el partido?*

Maybe we **could** double date.
*Quizá **podríamos** salir los cuatro juntos.*

How about going dancing?
*¿**Qué tal si** nos vamos a bailar?*

Cuando **no entiendes el significado** de algo, puedes preguntar:

What do you mean?
¿Qué quieres decir?

I don't understand.
No entiendo.

What does *double date* **mean?**
¿Qué significa double date*?*

What's the meaning of *double date***?**
¿Cuál es el significado de double date*?*

- Y la respuesta puede ser:

It means two couples going out together.
Significa *que dos parejas salen juntas.*

I mean we could go out together.
Quiero decir *que podríamos salir juntos.*

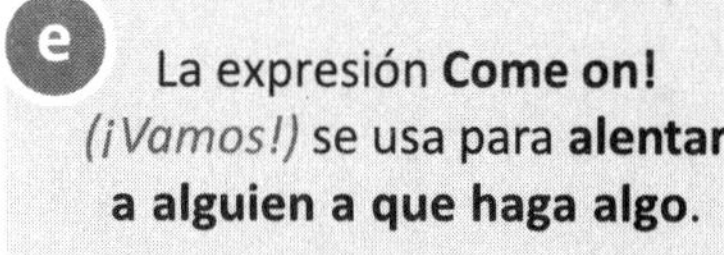

La expresión **Come on!** *(¡Vamos!)* se usa para **alentar a alguien a que haga algo**.

Come on! We'll have fun!
¡Vamos! *¡Nos vamos a divertir!*

- También se usa para **decirle a alguien que se apure**:

Come on! We'll be late!
¡Apúrate! *Llegaremos tarde.*

Para **decir que algo va a ser divertido**, puedes usar estas expresiones:

We'll have fun!
¡Nos vamos a divertir!

It'll be fun! / *¡Será divertido!*

We'll have a blast!
¡Nos vamos a divertir mucho!

We're going to have a great time!
¡Lo vamos a pasar muy bien!

g

Estas expresiones con el verbo **sound** sirven para **expresar tu parecer** sobre algo que ha dicho alguien o la forma en que lo ha dicho.

It sounds good.
Suena *bien./Me parece bien.*

It sounds like you're totally in love with her!
Suena como si *estuvieras totalmente enamorado de ella.*

It sounds like a great idea.
Suena como/Parece *una gran idea.*

h

Para expresar que **sabrás el resultado de algo con el paso del tiempo**, puedes usar estas dos frases:

Time will tell if I'm in love with her.
El tiempo dirá *si estoy enamorado de ella.*

Chris: Do you think she'll like the ring?
¿Crees que a ella le va a gustar el anillo?

María: **We'll see.**
Ya veremos.

i

Cuando quieres **llamar la atención de alguien** puedes decir **Listen!** *(¡Oye!)*

Listen, I have an idea.
Oye, *tengo una idea.*

Listen, Ana has a brother. We could double date.
Oye, *Ana tiene un hermano. Podríamos salir los cuatro juntos.*

Grammar Notes

Lee atentamente estos apuntes claros y breves sobre los temas gramaticales que aparecen en el diálogo.

a Expresar que se esta acostumbrando a algo con **Get used to/Be used to**

Estudiemos el significado de estas dos frases:

Get used to: Acostumbrarse. Se enfatiza el proceso de acostumbrarse.

I'**m getting used to** Miami.
*Me **estoy acostumbrando a** Miami.*

She **got used to** speaking English all day.
*Ella se **acostumbró** a hablar inglés todo el día.*

Be used to: Estar acostumbrado. Se describe una actitud ya incorporada.

I'm **used to** hot weather.
*Yo **estoy acostumbrado** al clima caluroso.*

María **is used to** getting up early.
*Maria **está acostumbrada** a levantarse temprano.*

- Si usas otro verbo después de **be used/get used to**, ese verbo debe terminar en ***–ing***:

I'**m used to** do**ing** exercise in the morning.
***Estoy acostumbrado a hacer** ejercicio a la mañana.*

I **got used to** sleep**ing in** late.
***Me acostumbré a dormir** hasta tarde.*

- Para describir un **hábito que tenías en el pasado,** se usa **used to**. En este caso, el verbo que sigue va en infinitivo.

We **used to spend** a lot of time together.
Solíamos *pasar mucho tiempo juntos.*

I **used to swim** very well when I was a kid.
Yo ***solía nadar*** *muy bien cuando era niña.*

El tiempo Pasado Simple/**Simple Past**

Como ya estudiamos en la **Unidad 11**, los verbos pueden formar su pasado de forma regular o irregular. No existen reglas para saber cómo es el pasado de un verbo, por lo cual tendrás que memorizarlos al principio y fijarlos con el uso. Veamos ahora cómo se forma el **pasado de algunos verbos irregulares**:

-Algunos verbos cambian todas o algunas letras:

be	*(ser/estar)*	was/were
begin	*(comenzar)*	began
break	*(romper)*	broke
buy	*(comprar)*	bought
come	*(venir)*	came
do	*(hacer)*	did
drink	*(beber)*	drank
eat	*(comer)*	ate
feel	*(sentir)*	felt
find	*(encontrar)*	found

get	*(obtener)*	got
give	*(dar)*	gave
go	*(ir)*	went
have	*(tener)*	had
leave	*(partir)*	left
meet	*(conocer)*	met
say	*(decir)*	said
see	*(ver)*	saw
send	*(enviar)*	sent
sit	*(sentarse)*	sat
sleep	*(dormir)*	slept
take	*(tomar)*	took
teach	*(enseñar)*	taught
tell	*(contar)*	told
think	*(pensar)*	thought
write	*(escribir)*	wrote

-Otros verbos no cambian cuando los usas en pasado:

cost	*(costar)*	cost
cut	*(cortar)*	cut
hit	*(golpear)*	hit
hurt	*(lastimar)*	hurt
let	*(dejar/permitir)*	let
shut	*(cerrar)*	shut
fit	*(calzar)*	fit
set	*(poner)*	set

-Lee estos ejemplos de **oraciones afirmativas**:

I **had** a boyfriend in Mexico.
*Yo **tenía** un novio en México.*

We **met** a month ago.
*Nos **conocimos** un mes atrás.*

I **sent** him an email.
*Le **envié** un* e-mail.

Las **oraciones negativas** se forman como aprendiste en la **Unidad 11**:

I **didn't feel** homesick.
***No extrañaba** a mi país.*

Did you **spend** a lot of time together?
*¿**Pasaban** mucho tiempo juntos?*

We **didn't go** on a double date.
***No salimos** en una cita de cuatro.*

C

Also y **too** significan **también**. Se diferencian por el lugar donde debes colocarlos en una oración:

- **Also** se usa delante del verbo y es más formal:

He's **also** very jealous and possessive.
*Él es **también** muy celoso y posesivo.*

I also like going to the movies.
*A mí **también** me gusta ir al cine.*

- **Too** se usa al final de la oración:

Sometimes I miss him **too**.
*A veces lo extraño a él **también**.*

I enjoy dancing **too**.
*A mí **también** me gusta bailar.*

UNIDAD 13

I'd like to have my own restaurant

Me gustaría tener mi propio restaurante

UNIDAD 13

I'd like to have my own restaurant

Me gustaría tener mi propio restaurante

En esta unidad aprenderás a expresarte con fluidez cuando necesites:

S*aludar informalmente*

P*edir y dar opiniones*

E*xpresar acuerdo o desacuerdo*

Además, te explicaremos de manera simple y clara estos temas gramaticales:

- *comparaciones;*
- *habilidad y posibilidad con el auxiliar* ***can****.*

Let's talk!

Josh, Javier y **Paul**, uno de los cocineros del restaurante, están conversando sobre las ventajas y desventajas de tener un restaurante propio.

Lee el siguiente diálogo

Josh:	**Hey, guys, what's up?**
Javier:	Hi, Josh. We're talking with Paul about the pros and cons of running your own restaurant .**What do** you **think?**
Josh:	Oh, really?... We all dream about having our own place, but it's **more difficult than** it seems ...
Paul:	**You're right**. But I think that when you're your own boss, you're **more independent**, you **can** be **more creative** and design the menu you like...
Josh:	Maybe, but on the other hand, it's much **harder**. You're responsible for everything that goes on in your restaurant, not just the menu: finding the right staff, offering the best service, getting customers in, choosing suppliers, paying wages... And also, forget about having any free time. You're going to be much **busier than** you are now, working nights, weekends and vacations...
Javier:	Besides, you **can't open** a restaurant without certain permits, can you?
Josh:	**That's right.** Restaurants **can't** operate without a building permit, or a fire safety inspection... You **can't** sell alcoholic drinks if you don't have a license...
Paul:	Maybe you can get a franchise... **I'm sure** that's **easier than** starting a new restaurant, and **more convenient** too.
Josh:	**I'm not so sure** about that...Franchises **can** be really expensive and hard to get.
Javier:	Yes, **I agree. I think** that the best thing to do is first work in a good restaurant. You **can** work with excellent chefs, and learn a lot from them. You **can** gain a lot of experience and make friends with people who could be your future partners in the restaurante.
Paul:	Well, maybe **you're right**. Working for somebody else can be **less stressful than** working on your own... But anyway, we could start our own restaurant in, say, five years, **what do you think**?
Josh:	OK , Paul... But right now, could you please start chopping those onions?

Traducción del diálogo

Josh:	Hola, **amigos, ¿qué hay de nuevo?**
Javier:	Hola, Josh. Estamos hablando con Paul sobre las ventajas y desventajas de administrar tu propio restaurante. ¿Tú **qué piensas**?
Josh:	¿Ah, sí? Todos soñamos con ser dueños de nuestro propio lugar, pero es **más difícil de** lo que parece...
Paul:	**Tienes razón**. Pero creo que cuando eres tu propio jefe eres **más independiente**, puedes ser **más creativo** y diseñar el menú que te agrade...
Josh:	Quizás sí, pero por otro lado, es mucho **más difícil**. Eres responsable de todo lo que sucede en tu restaurante, no solo del menú: encontrar el personal adecuado, ofrecer el mejor servicio, lograr que vengan los clientes, elegir los proveedores, pagar los sueldos...Y por otra parte, olvídate de tener tiempo libre. Estarás mucho **más ocupado** de lo que estás ahora; trabajarás a la noche, los fines de semana, en las vacaciones...
Javier:	Además, **no puedes** abrir un restaurante si no tienes algunos permisos, ¿verdad?
Josh:	**Así es.** Los restaurantes **no pueden** funcionar si el local no está autorizado, o está habilitado por la inspección de incendios... **No puedes** vender bebidas alcohólicas si no tienes una licencia...
Paul:	Quizás puedes obtener una franquicia. **Estoy seguro de** que eso es **más fácil que** abrir un nuevo restaurante, y **más conveniente** también.
Josh:	**No estoy tan seguro de eso**. Las franquicias **pueden** ser realmente costosas y difíciles de conseguir.
Javier:	**Sí, estoy de acuerdo**. **Creo** que lo mejor que se puede hacer es trabajar primero en un buen restaurante. **Puedes** trabajar con chefs excelentes y aprender mucho de ellos. **Puedes** adquirir mucha experiencia y hacerte amigo de personas que podrían ser tus futuros socios en un restaurante.
Paul:	Bueno, quizás **tengas razón**. Trabajar para otra persona puede ser **menos estresante** que trabajar por tu cuenta. Pero de todas maneras, podríamos abrir nuestro propio restaurante en, digamos, cinco años ¿**qué opinan**?
Josh:	De acuerdo, Paul. Pero ahora, ¿puedes comenzar a picar esas cebollas?

Say it in English!

Estudiemos en detalle cómo se usan algunas de las expresiones que acabas de leer en el diálogo.

a Saludos informales

Veamos más opciones de saludos que se usan informalmente.

How're you doing?
¿Cómo estás?

How's it going?
¿Cómo va todo?

How are things?
¿Cómo van las cosas?

Hello, there. / *¡Hola!*

Hey, there! / *¡Hola!*

Hey! / *¡Hola!*

What's up?
¿Qué hay de nuevo?

- Para **responder a los saludos**, puedes decir:

I'm fine.
I'm okay.
I'm alright / all right.
I'm good.
Estoy bien.

I'm very well.
Estoy muy bien.

Fine, and you?
Bien, ¿y tú?

So-so.
Más o menos.

Not too bad.
Bastante bien (literalmente: no demasiado mal)

b Uso de la palabra **guys**.

Cuando te diriges a un grupo de gente de cualquier edad de manera informal, puedes usar la palabra **guys**, que significa *chicos, chicas, gente, amigos, niños*, etc.:

Hey, **guys,** what's up?
(Josh a un grupo de amigos.)
*Hola, **chicos**, ¿qué hay de nuevo?*

Hey, you **guys**! How about going ice skating? (Una chica a sus amigas.)
*¡Hola, **chicas**! ¿Qué les parece si vamos a patinar sobre hielo?*

c Pedir opiniones

- Puedes **pedir la opinión** de alguien de esta manera:

What do you **think about**?
(para conocer una **opinión sobre algo**)

What do you **think about** getting a franchise?
*¿**Qué piensas de** obtener una franquicia?*

What do you **think of**?
(para conocer la **opinión sobre algo o alguien**)

What do you **think of** the new cook?
*¿**Qué opinas de**l nuevo cocinero?*

What do you **think of** this restaurant?
*¿**Qué piensas de** este restaurante?*

- O también preguntar directamente:

Do you think having your own restaurant is better than having a franchise?
*¿**Crees** que tener tu propio restaurante es mejor que tener una franquicia?*

Does he think running a restaurant is a difficult job?
*¿Él **cree** que administrar un restaurante es un trabajo difícil?*

Dar opiniones:

- Para **dar tu opinión**, puedes responder usando **think that** o **think**:

I **think that** franchises are very expensive.
***Creo que** las franquicias son muy caras.*

I **think** working in a big restaurant is a very good experience.
***Creo que** trabajar en un restaurante grande es una experiencia muy buena.*

I **don't think** running your own restaurant is difficult.
***No creo que** tener tu propio restaurante sea difícil.*

I **don't think** being self-employed is more stressful.
***No creo que** trabajar por tu cuenta sea más estresante.*

e Expresar **acuerdo** o **desacuerdo**:

Puedes también usar estas frases para demostrar que estás de acuerdo o no con algo que se ha dicho o hecho:

Yes. / *Sí.*	**I think so too.** / *Pienso lo mismo.*
Yeah/Yep. (Más informal) / *Sí.*	**I'm not so sure about that.** *No estoy tan seguro de eso.*
I agree. (Más formal) *Estoy de acuerdo.*	**I don't think so**. / *No lo creo.*
That's what I think. *Pienso lo mismo.*	**I don't agree.** *No estoy de acuerdo.*

- También puedes usar estas frases con la palabra **right**:

- I'**m right/** You'**re right/** She'**s right**, etc., se usan para decir que alguien **tiene razón**.

A: You **don't have to** worry about everything that goes on in your restaurant..
B: **You're right**.

*A: **No tienes que** preocuparte por todo lo que sucede en tu restaurante.*
*B: **Tienes razón.***

- **That's right** se usa para confirmar o enfatizar algo que te han dicho:

A: Being self-employed is very hard.
B: **That's right.**

A: Trabajar por tu cuenta es muy duro.
*B: **Así es.***

Grammar Notes

Lee atentamente estos apuntes claros y breves sobre los temas gramaticales que aparecen en el diálogo.

a Las comparaciones

Las palabras que se usan generalmente para hacer comparaciones son los **adjetivos**, que describen o dan características de alguien o de algo.

A **big** restaurant / *un restaurante **grande***

A **small** kitchen / *una cocina **pequeña***

An **interesting** idea / *una idea **interesante***

An **intelligent** person / *una persona **inteligente***

- Reglas para **hacer comparaciones**:

En los **adjetivos cortos** en general, se agrega **–er**:

Bigg**er:** ***más** grande*
Small**er:** ***más** pequeño*
Old**er**: ***más** viejo*

Recuerda

Los **adjetivos cortos** que terminan en **-y** cambian esta letra por **i** y luego se agrega **-er**:

Happ**y**:	happ**ier** ***más** feliz*
Eas**y**:	eas**ier** ***más** fácil*
Bus**y**:	bus**ier** ***más** ocupado*

En los **adjetivos largos**, se agrega **more** (más) o **less** (menos):

Intelligent: **more** intelligent
***más** inteligente*

Expensive: **more** expensive
***más** caro*

Interesting: **less** interesting
***menos** interesante*

- Cuando se mencionan todas las cosas, lugares o personas que comparamos, se debe agregar **than** (que), tanto con los adjetivos cortos como con los largos:

The hotel restaurant is **bigger than** the lobby bar.
*El restaurante del hotel es **más grande que** el bar del vestíbulo.*

Working for somebody else is **easier than** working on your own.
*Trabajar para alguien es **más fácil que** trabajar por tu cuenta.*

Cooking is **more interesting than** serving food.
*Cocinar es **más interesante que** servir comida.*

Getting a franchise is **less expensive than** starting your own restaurant.
*Obtener una franquicia **es menos caro que** abrir tu propio restaurante.*

Algunos adjetivos cambian total o parcialmente al formar el comparativo:				
	Good	*(bueno)*	**Better**	*(mejor)*
	Bad	*(malo)*	**Worse**	*(peor)*
	Far	*(lejos)*	**Farther**	*(más lejos)*

Working on your own is **better than** working for somebody else.
*Trabajar por tu cuenta es **mejor que** trabajar para alguien.*

This menu is **worse than** the previous one.
*Este menú es **peor que** el anterior.*

The restaurant is **farther than** the cafeteria.
*El restaurante está **más lejos que** la cafetería.*

b El auxiliar **can** (poder)

Can puede usarse para indicar:

- **Habilidad** en el presente:

She **can** speak English very well.
*Ella **puede** hablar inglés muy bien.*

He **can** play tennis.
*Él **puede** jugar al tenis.*

They **can** cook.
*Ellos **pueden** cocinar.*

- **Posibilidad** u **oportunidad** para hacer algo:

You **can** work with excellent chefs.
Puedes *trabajar con chefs excelentes.*

You **can** gain a lot of experience.
Pued*es adquirir mucha experiencia.*

- **Can't** significa a veces que algo está **prohibido o no está permitido**:

You **can't** sell alcohol without a license.
No puedes *vender alcohol sin una licencia.*

You **can't** open a restaurant without certain permits.
No puedes *abrir un restaurante sin ciertos permisos.*

- Para formar las **oraciones negativas** puedes usar **can't** (más informal, cuando hablas) o **cannot/can not**.

I **can't** cook.
Yo ***no puedo*** *cocinar.*

You **can't** accept that job.
No puedes *aceptar ese trabajo.*

- Para formar **preguntas**, colocas **can** al principio de la oración:

He **can** cook

Can he cook?

Él ***puede*** *cocinar.*

*¿****Puede*** *él cocinar?*

May I help you?

¿Puedo ayudarla?

UNIDAD 14

May I help you?

¿Puedo ayudarla?

En esta unidad aprenderás a expresarte con fluidez cuando necesites:

Comprar ropa

Hablar sobre precios y descuentos

Expresar dudas

Además, te explicaremos de manera simple y clara estos temas gramaticales:

- *cómo hacer suposiciones;*
- *la preposición* ***for****;*
- *los adjetivos y pronombres demostrativos plurales* ***these*** *y* ***those****;*
- *pedir permiso usando* ***may****;*
- *sustantivos que son siempre plurales.*

Let's talk!

Mónica va a una tienda a comprarle un regalo a Paula, la enfermera que le consiguió una entrevista con el Dr. Ross en el New York Hospital.

Lee el siguiente diálogo

Sales clerk:	May I help you?
Mónica:	I'm looking for **a present. It's** for **a girlfriend.**
S.C.:	How about **these** wonderful shorts? **What size** is she?
Mónica:	Um... She must be a medium.
S.C.:	Look at those blue ones, they're the latest fashion...
Mónica:	Um... **I don't know**, they **look** good, but they **might not** be her style...
S.C.:	And **those** T-shirts? They **look** great on you girls... Take a look, they come in **pink, red**, **brown**, **green**, **and blue**...
Mónica:	Uh... **I'm not sure...** She **may not** like them... Maybe I shouldn't buy clothes for her...
S.C.:	Why don't you give her **these** earrings? They're gorgeous; all the girls love them... You can't go wrong with **these**...
Mónica:	**May I see them?**
S.C.:	Sure. Here you go.
Mónica:	Oh, they're really beautiful... **How much** are they**?**
S.C.:	They're $50.
Mónica:	$50! Wow, that's a little out of my price range, I'm on a budget...
S.C.:	Um... Let me see... How about **these** purses? They're **on sale**, only $15...
Mónica:	Oh, yes, she'**s got to like these**; she always carries big purses... Okay, **I'll take** the green one. I hope she likes it!
S.C.:	She will, for sure! And if she doesn't, she can always return it. Just keep this receipt.

Traducción del diálogo

Vendedora:	*¿En qué puedo ayudarte?*
Mónica:	*Estoy buscando* ***un regalo. Es*** *para* ***una amiga.***
Vendedora:	*¿Qué te parecen* ***estos*** *hermosos shorts?* ***¿Qué medida*** *tiene?*
Mónica:	*Eh...* ***Debe ser*** *talla mediana.*
Vendedora:	***Mira*** *esos azules****, son la última moda...***
Mónica:	*Eh...* ***No lo sé, lucen*** *bien, pero* ***puede que no*** *sean de su estilo...*
Vendedora:	*¿Y* ***aquellas*** *camisetas? A ustedes las chicas* ***les quedan*** *fantástico... Míralas, vienen en* ***rosa, rojo, marrón, verde y azul****...*
Mónica:	*Uh...* ***No estoy segura****...* ***Puede que*** *no le gusten... Quizás no tengo que comprarle ropa...*
Vendedora:	*¿Qué te parece regalarle* ***estos*** *aretes? Son increíbles; a todas las chicas les encantan... No puedes equivocarte con* ***estos****.*
Mónica:	***¿Puedo verlos?***
Vendedora:	*Claro. Aquí tienes.*
Mónica:	*Oh, son realmente hermosos... ¿****Cuánto cuestan****?*
Vendedora:	*Cuestan $50.*
Mónica:	*¡$50! Guau, eso está un poco por encima del precio que puedo pagar, tengo un presupuesto más pequeño...*
Vendedora:	*Eh... Déjame ver... ¿Qué te parecen* ***estas*** *bolsas? Están* ***en oferta****, a sólo $15.*
Mónica:	*Ah, sí,* ***éstas tienen que*** *gustarle; siempre usa bolsas grandes... De acuerdo,* ***llevo*** *la verde. ¡Espero que le guste!*
Vendedora:	*¡Seguro le va a gustar! Y si no fuera así, siempre puede cambiarla. Simplemente guarda este recibo.*

Say it in English!

Estudiemos en detalle cómo se usan algunas de las expresiones que acabas de leer en el diálogo.

a Expresiones para indicar que algo es **caro/expensive**:

They are **a little out of my price range**.
*Están un poco **por encima del precio que puedo pagar**.*

This is **a little expensive** for me.
*El precio es un poco **caro** para mí.*

It **costs too much**.
Cuesta demasiado.

I **can't afford** it.
No puedo pagarlo.

b Expresiones para indicar que algo es **barato**:

These earrings are quite **inexpensive**.
*Estos aretes son bastante **baratos**.*

Those shoes are really **good value**.
*Estos zapatos están **a muy buen precio**.*

That shirt was a real **bargain**.
*Esa camisa fue **una muy buena compra**.*

Expresiones para indicar que hay **descuento de precios**:

These T-Shirts are **on sale**.
*Estas camisetas están **en oferta**.*

There's 20% **off** all boots.
*Hay un **descuento** del 20% en todas las botas.*

There's a 30% **discount** on all purses.
*Hay un **descuento** del 30% en todas las carteras.*

Cuando **no estás muy seguro de algo** puedes usar estas expresiones:

I'm not sure...
No estoy seguro.

I don't know...
No sé./No lo sé.

I'm not sure...
She may not like them.
***No estoy seguro**...*
Puede que no le gusten.

I don't know...
They **might not** be her style.
***No sé**... Puede que no sean de su estilo.*

Recuerda

*puedes usar **light** (claro) y **dark** (oscuro) junto con los colores:*

light *green: verde claro*
dark *brown: marrón oscuro*

Money El dinero

La moneda norteamericana es el **dollar** (dólar).
Veamos los valores para los billetes –**bills**– y las monedas –**coins**.

Bills	**Coins**
$ 1 one dollar	1¢ (one penny) un centavo de dólar
$ 5 five dollars	5 ¢ (a nickel) cinco centavos de dólar
$ 10 ten dollars	10 ¢ (a dime) diez centavos de dólar
$ 20 twenty dollars	25 ¢ (a quarter) veinticinco centavos de dólar
$ 50 fifty dollars	
$ 100 a/one hundred dollars	

Prices Los precios

Puedes decir los precios de esta manera:	$ 12.45	twelve dollars forty-five cents
		twelve dollars forty-five
		twelve forty-five

Muchas veces escucharás la palabra **buck** en vez de **dollar**. Tiene el mismo significado y se usa informalmente.

How much is this?
$ 20 (twenty bucks)

g La **vendedora de una tienda** podrá decirte:

May I help you?
Can I help you?
How can I help you?

¿Puedo ayudarla?

Cuando **buscas algo para comprar**, puedes usar las siguientes frases:

I'm looking for a present. ***Busco*** *un regalo.*
I'd like to see those shorts, please. ***Quisiera*** *ver aquellos shorts, por favor.*
I want a purse. ***Quiero*** *una bolsa.*
I need shoes. ***Necesito*** *zapatos.*

Para **preguntar por el precio de algo,** puedes decir:

How much is it? **How much** is this? **How much does** it/this **cost**? *¿**Cuánto cuesta**?*
How much is this purse? *¿**Cuánto cuesta** esta bolsa?*
How much do they cost? *¿**Cuánto cuestan**?*
How much do these shoes cost? *¿**Cuánto cuestan** estos zapatos?*

j Cuando **decides comprar algo**, puedes decir:

I'll take the green purse. ***Llevaré*** *la bolsa verde.*
I'll take them. *Los/las **llevaré**.*
I'll take it. *Lo/la **llevaré**.*
I'll take these, please. ***Llevaré estos****, por favor.*

Cuando tengas que **pagar**, te preguntarán:

How are you paying?
¿Cómo va a pagar?

How do you want to pay?
¿Cómo quiere pagar?

Are you paying with a credit card?
¿Pagará con tarjeta de crédito?

Puedes **decir cómo pagas** de esta forma:

cash
with cash
in cash
en efectivo

with Credit Card
con tarjeta de crédito

with Debit Card
con tarjeta de débito

Puedes usar el verbo **look** en estos casos:

Shorts **look** great on you girls.
*Los shorts **les quedan** muy bien a ustedes las chicas.*

These shoes **look** good.
*Estos zapatos **te quedan** bien.*

You **look** great. / ***Te ves** fantástica.*

Grammar Notes

Lee atentamente estos apuntes claros y breves sobre los temas gramaticales que aparecen en el diálogo.

a Assumptions Las suposiciones

Muchas veces hacemos suposiciones sobre algo con la información que tenemos. Esas suposiciones pueden tener diferente grado de certeza. Veamos los ejemplos:

- Cuando estás muy seguro usas **must** o **have/has got to** (debe/puede que) en oraciones afirmativas:

I think she **must** be a medium.
*Pienso que **debe** ser talla mediana.*

She**'s got to be** an XS.
(más informal)
***Debe** ser talla extra chica.*

- Cuando estás menos seguro, puedes usar los auxiliares **may, might** y **could**:

She **may** like the blue ones.
***Puede que** le gusten las azules.*

I don't know...
She **might** wear shorts.
*No lo sé... **Debe** usar shorts.*

She wears big purses...
she **could** like this one.
Ella usa bolsas grandes...
***puede que** le guste esta.*

Para formar las **oraciones negativas**, agregas **not** después del auxiliar:

- Cuando estás muy seguro de que algo no es de determinada manera usas **can't**, **couldn't**, **must not**, **may not** (no debe/no puede):

This purse **can't/ couldn't be** her style.
*Esta bolsa no **puede** ser de su estilo.*

She **must not** like this purse.
*A ella **no debe** gustarle esta bolsa.*

She **may not** wear shorts.
*Ella **quizá no** usa shorts.*

- Cuando no estás muy seguro usas **might not**:

These shoes **might not** be her style.
*Estos zapatos **puede que no** sean de su estilo.*

b La preposición **for** indica que algo es para alguien:

Is this purse **for** you?
*¿Esta bolsa es **para** ti?*

No, it's **for** a friend.
*No, es **para** una amiga.*

c Los pronombres demostrativos plurales **these** y **those**.

En la **Unidad 3** estudiamos los adjetivos y pronombres demostrativos singulares **this** y **that**. Veamos ahora sus formas plurales **these** y **those**:

These es la forma plural de **this**. Significa *estas/estos*:

How about **these** wonderful purses?
*¿Qué le parecen **estas** hermosas bolsas?*

Why don't you give her **these** earrings?
*¿Por qué no le regala **estos** aretes?*

Those es la forma plural de **that**. Significa *esas/esos/aquellas/aquellos*:

And **those** T-shirts?
*¿Y **esas/aquellas** camisetas?*

May I see **those** shorts?
*¿Puedo ver **aquellos/esos** shorts?*

d Para **pedir permiso**, se pueden usar los auxiliares **may, could** y **can.**

May I see those earrings?
*¿**Puedo** ver esos aretes?*

Could I see this jeans in XS?
*¿**Puedo** ver estos jeans en talla extra chica?*

Can I try on those shoes?
*¿**Puedo** probarme esos zapatos?*

e Estos sustantivos que se refieren **a prendas o accesorios de vestir** son siempre plurales:

gloves *(guantes)*

shorts *(shorts)*

boots *(botas)*

pants *(pantalones)*

shoes *(zapatos)*

jeans *(jeans)*

socks *(calcetines)*

glasses/sunglasses
(anteojos/anteojos de sol)

Para hablar de ellos en singular debes usar **a pair of** (un par de):

I'll take this **pair of** sunglasses.
*Llevo **estos/este par de** anteojos de sol. (un solo par)*

I bought **a pair of boots**.
*Me compré **unas/un par de botas**. (un solo par)*

UNIDAD 15

Would you like a starter?

¿Le gustaría probar una entrada?

UNIDAD 15

Would you like a starter?

¿Le gustaría probar una entrada?

En esta unidad aprenderás a expresarte con fluidez cuando necesites:

Expresar que tienes hambre y sed

Ordenar comida en un restaurante

Además, te explicaremos de manera simple y clara estos temas gramaticales:

- *el plural de los sustantivos.*
- *los artículos* ***a*** *y* **the**. *Usos. Casos en los que no se usa artículo.*

Let's talk!

Pablo sale a almorzar con su jefe y otros compañeros de trabajo.

Lee el siguiente diálogo

Waiter:	Good afternoon, **gentlemen**. Here's **the** menu. Today's Specials are spaghetti with clams and grilled pork chops. For dessert we have **the** mascarpone cheesecake.
Mr. Geller:	Thank you. We'll **take a look** at **the** menu. (After a while...)
Waiter:	**Are you ready to order?**
Mr. Geller:	Yes, thank you. Pablo, what are you having?
Pablo:	**I'll have the** spaghetti with clams, please.
Waiter:	**Would you like a starter?**
Pablo:	No, thank you. **I'm not very hungry**. **Just the** spaghetti, please.
Mr. Geller:	Well, **I'm starving! I'd like the** Mediterranean salad first and for the main course, **the** Singapore chicken.
Waiter:	What kind of dressing do you want on your salad?
Mr. Geller:	**Just** oil and vinegar, please.
J. Greene:	**I'll try** the Romaine salad with ranch dressing and the tenderloin filet.
Waiter:	How would you like your filet cooked? **Rare, medium or well-done?**
J. Greene:	**Well-done**, please.
Waiter:	**Would you like** rice, fries or mashed potatoes with your filet?
J. Greene:	Um, mashed potatoes, please.
Waiter:	**What would you like to drink?**
Mr. Geller:	**We'll have a** bottle of the Cabernet Sauvignon, and **a** bottle of sparkling water, please.
Waiter:	Thank you very much, gentlemen. I'll bring your drinks **right away**.
Mr. Geller:	So, Pablo, how has your first week on the job been **so far**?

Traducción del diálogo

Mesero:	*Buenas tardes, **caballeros**. Aquí tienen **el** menú. Los especiales del día son el espagueti con almejas y las costillas de cerdo asadas. Para el postre, tenemos **el** cheesecake de mascarpone.*
Sr. Geller:	*Muchas gracias. **Miraremos** el menú. (Después de un momento...)*
Mesero:	***¿Están listos para ordenar?***
Sr. Geller:	*Sí, gracias. Pablo, ¿qué vas a pedir?*
Pablo:	***Voy a pedir** el espagueti con almejas, por favor.*
Mesero:	***¿Gustaría probar una entrada?***
Pablo:	*No, gracias. **No tengo mucha hambre**. **Solo** el espagueti, por favor.*
Sr. Geller:	*Bien, ¡**yo me estoy muriendo de hambre**! **Quisiera** la ensalada mediterránea primero y, como plato principal, el pollo Singapur.*
Mesero:	*¿Qué tipo de aderezo quiere para su ensalada?*
Sr. Geller:	***Sólo** aceite y vinagre, por favor.*
J. Greene:	*Yo probaré la ensalada Romaine con aderezo Ranch y el filete de lomo.*
Mesero:	*¿Cómo quiere que esté cocinado el filete? **¿Rojo, término medio o bien cocido?***
J. Greene:	***Bien cocido**, por favor.*
Mesero:	*¿**Quisiera** arroz, papas fritas o puré de papas con su filete?*
J. Greene:	*Eh...puré de papas, por favor.*
Mesero:	***¿Qué quisieran beber?***
Sr. Geller:	*Pediremos **una** botella de Cabernet Sauvignon y **una** botella de agua mineral, por favor.*
Mesero:	*Muchas gracias, caballeros. **Enseguida** les traeré las bebidas.*
Sr. Geller:	*Y bien, Pablo, ¿cómo ha sido tu primera semana de trabajo **hasta ahora**?*

Say it in English!

Estudiemos en detalle cómo se usan algunas de las expresiones que acabas de leer en el diálogo.

a Cuando tienes **hambre** o **sed**, puedes decir:

I'm hungry.
Tengo hambre.

I'm starving.
Me estoy muriendo de hambre.

I'm thirsty.
Tengo sed.

b En un **restaurante**, el mesero puede usar algunas de estas frases:

How can I help you?
¿En qué puedo ayudarlo?

Are you ready to order?
¿Están listos para ordenar?

May I take your order?
Can I take your order?
¿Puedo tomar su orden?

What can I get you?
¿Qué puedo traerle?

What would you like to drink?
¿Qué quisiera para beber?

Anything to drink?
¿Algo para beber?

Would you like to order dessert?
¿Quieren ordenar el postre?

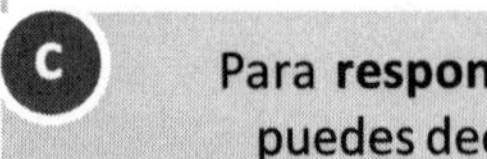

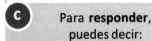

c Para **responder**, puedes decir:

I'll have the spaghetti with clams, please.
Pediré *el espagueti con almejas, por favor.*

I'd like the Mediterranean salad.
Quisiera *la ensalada mediterránea.*

I'll try the tenderloin filet.
Probaré *el filete de lomo.*

d Las formas de pedir la cocción de una porción de carne son las siguientes:

rare
roja / poco asada

medium-rare
medianamente roja

medium
término medio

medium-well
Tres cuartos (medianamente cocida)

well done
bien cocida

e Puedes **pedirle a la camarera algo que necesites** de esta manera:

Could I have the menu?
¿Podría traerme el menú?

Do you have a vegetarian menu?
¿Tiene un menú vegetariano?

Could I see the wine list?
¿Podría ver la lista de vinos?

The table / La mesa

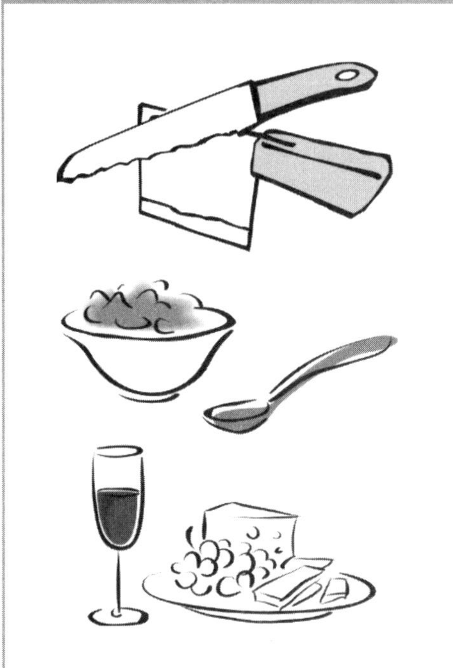

Bowl:	*bol*
Cup:	*taza*
Dish:	*plato*
Fork:	*tenedor*
Glass:	*copa*
Knife:	*cuchillo*
Napkin:	*servilleta*
Plate:	*bandeja*
Spoon:	*cuchara*

g

Al terminar de comer, puedes **pedir la cuenta** de esta forma:

Could I have the check, please?
¿Podría traerme la cuenta, por favor?

The check, please.
La cuenta, por favor.

Si ofreces pagar, podrás decir:

My treat! / **It's on me.**
Invito yo / Pago yo

Grammar Notes

Lee atentamente estos apuntes claros y breves sobre los temas gramaticales que aparecen en el diálogo.

a Veamos cómo formar los **plurales de los sustantivos**:

Singular	Plural	
cla**m** drin**k** cho**p** waite**r** plat**e**	clam**s** drink**s** chop**s** waiter**s** plat**es**	vocal o consonante + **-s**
di**sh** pea**ch** gla**ss** fa**x**	dish**es** peach**es** glass**es** fax**es**	**-sh, -ch, -ss, -x + -es**
tomat**o** potat**o**	tomat**oes** potat**oes**	**-o + -es**
radi**o** phot**o**	radio**s** photo**s**	**-o + -s**
ci**ty** lad**y**	cit**ies** lad**ies**	consonante + **y = -ies**
k**ey** b**oy**	key**s** boy**s**	vocal + **y = -s**
lea**f** wi**fe**	lea**ves** wi**ves**	**f /fe = -ves**

- En estos casos, el plural se forma de manera diferente:

child *(niño)*	**children** *(niños)*
foot *(pie)*	**feet** *(pies)*
man *(hombre)*	**men** *(hombres)*
person *(persona)*	**people** *(personas/gente)*
tooth *(diente)*	**teeth** *(dientes)*
woman *(mujer)*	**women** *(mujeres)*

- Algunas palabras no cambian cuando se forma el plural:

deer *(ciervo)*	**deer** *(ciervos)*
fish *(pez)*	**fish** *(peces)*
sheep *(oveja)*	**sheep** *(ovejas)*

b Los artículos **a/an** (un/una) y **the** (el-la/ los-las)

- Se usa **a/an** con sustantivos contables en singular cuando **nos referimos a alguien o a algo indefinido** o **cuando mencionamos algo por primera vez**:

We'll have **a** bottle of red wine.
*Pediremos **una** botella de vino tinto.*

We reserved **a** table for two.
*Reservamos **una** mesa para dos.*

I'd like to try **a** local specialty.
*Quisiera probar **un** plato típico.*

- No se usa **a** o **an** con sustantivos incontables, como estudiamos en la **Unidad 7**.

air (*incorrecto*: an air)

water (*incorrecto*: a water)

information (*incorrecto:* an information)

Recuerda

A y **an** se usan con sustantivos contables singulares que no son específicos.

- Se usa **the** con sustantivos incontables y contables (en singular y plural) cuando **está claro a qué persona, lugar o cosa nos referimos**, ya sea porque se lo mencionó antes en la conversación o porque se sobreentiende:

We'll take a look at **the** menu.
(sustantivo contable singular)
Miraremos ***el*** *menú. (el que acaba de entregar el mesero)*

I'll have **the** pork chops.
(sustantivo contable plural)
Voy a comer ***las*** *costillas de cerdo. (las que figuran en el menú)*

I'd like **the** fish, please.
(sustantivo incontable)
Quisiera ***el*** *pescado, por favor. (el que figura en el menú)*

- También se usa **the** cuando **la persona, lugar o cosa es única**:

the sky / ***el** cielo*

the moon / ***la** luna*

the sun / ***el** sol*

the Earth / ***la** Tierra*

the President of the U.S.A.
***el** Presidente de Estados Unidos*

the University of California
***la** Universidad de California*

- con los nombres de algunos países:

the Dominican Republic
***la** República Dominicana*

the United States
***los** Estados Unidos*

- con los **nombres de ríos, mares, océanos** y **cadenas montañosas**:

the Mississippi River
***el** Río Mississippi*

the Rocky Mountains
***las** Montañas Rocallosas*

the Pacific Ocean
***el** Océano Pacífico*

- con **instrumentos musicales y la radio**:

the radio / ***la** radio*

the piano / ***el** piano*

the guitar / ***la** guitarra*

the drums / ***la** batería*

He plays **the drums** in a band.
*Él toca **la batería** en una banda.*

I always listen to **the radio** in the morning.
*Siempre escucho **la radio** por la mañana.*

- con los nombres de **hoteles**, **restaurantes**, **museos**, **teatros**:

the Beverly Hills Hotel
the Museum of Modern Art
the Tavern on the Green

- con estas expresiones sobre las partes del día:

in **the** morning: *por la mañana*
in **the** afternoon: *por la tarde*
in **the** evening: *por la noche*

- Cuando se hacen generalizaciones con sustantivos contables, se usará:

A/an con un sustantivo singular:

An orange is sweet.
La naranja es dulce.
(en español usamos *la/el*)

(ningún artículo) con un sustantivo plural:

Oranges are sweet.
Las naranjas son dulces.
(en español usamos las/los*)*

El significado en ambos casos es el mismo.

- Cuando se hacen generalizaciones con sustantivos incontables, no se usa artículo:

Coffee isn't good for your health.
*El **café** no es bueno para tu salud.*
(en español usamos el/la*)*

- No se usa artículo en los siguientes casos:

- **television:**
I'm watching **television**.

- **breakfast/lunch/dinner:**
I'm preparing **breakfast**.

- **days of the week:**
I work on **Saturdays**.

- the time
It's **five-thirty**.

UNIDAD 16

Let's talk numbers

Hablemos de números

UNIDAD 16

Let's talk numbers

Hablemos de números

En esta unidad aprenderás a expresarte con fluidez cuando necesites:

Conocer cómo se dicen los números del 50 al 1000. El cero.

Diferencia en la Pronunciación de los números. Cómo leer números

*Estudiar como se usan los verbos **talk** y **tell***

Además, te explicaremos de manera simple y clara estos temas gramaticales:

- *el superlativo*
- *proposiciones adjetivas con **who**, **that**, **which***
- *uso de **another** y **other***
- *el verbo haber en plural: **there are**.*

Let's talk!

Carlos tiene una reunión con Andrés Montero, Gerente de Compras de DBS, para ofrecerle las nuevas telenovelas que produjo su empresa, Mexicana Producciones.

Lee el siguiente diálogo

Andrés:	Good morning, Carlos. Please, have a seat. Would you like some coffee?
Carlos:	Yes, please. Thank you.
Andrés:	Well, what can I do for you?
Carlos:	**I'd like to talk** to you about our **latest** *telenovelas*, they have been **the most successful** shows in Mexico this year, and we're sure they're going to be a hit in the U.S. too.
Andrés:	**Tell** me **about** them.
Carlos:	They're called «Te amo aunque seas infiel» and «Torbellino en el jardín celestial».
Andrés:	What are the story lines?
Carlos:	«Te amo aunque seas infiel» is about a **girl that** sees her husband kissing her sister on their wedding day. She decides to end her marriage and goes to **another** city to start a new life. **The other** is «Torbellino en el jardín celestial». It's the story of two **men who** find a black pearl while they're scuba diving in Cozumel. They don't know the pearl is cursed and **those who** have it will never be happy.
Andrés:	Ah-ha, sounds interesting. How about the cast?
Carlos:	Both shows have the **hottest** stars. In fact, they have **the best** casts in the industry. **There are** 175 episodes of «Te amo aunque seas infiel» and 150 episodes of «Torbellino en el jardín celestial».
Andrés:	And what's their target audience?
Carlos:	Mostly women, between 25 and 55, but all ages, really... And men too, why not?
Andrés:	Okay, the plots sound interesting. Let's **talk** numbers, then...

Traducción del diálogo

Andrés:	*Buenos días, Carlos. Por favor, toma asiento. ¿Quisieras tomar café?*
Carlos:	*Sí, por favor. Gracias.*
Andrés:	*Bien, ¿qué puedo hacer por ti?*
Carlos:	***Quisiera hablarte** sobre nuestras **últimas** telenovelas, han sido los shows **más exitosos** en México este año, y estamos seguros de que van a ser un éxito en los Estados Unidos también.*
Andrés:	***Cuéntame** sobre ellas.*
Carlos:	*Se llaman «Te amo aunque seas infiel» y «Torbellino en el jardín celestial»*
Andrés:	*¿Cuáles son los argumentos?*
Carlos:	*«Te amo aunque seas infiel» es sobre una **muchacha que** ve a su marido besando a su hermana el día de su boda. Ella decide terminar su matrimonio y se va a **otra** ciudad a comenzar una nueva vida. **La otra** es «Torbellino en el jardín celestial». Es la historia de dos **hombres que** encuentran una perla negra mientras están buceando en Cozumel. Ellos no saben que la perla ha sido maldecida y que **aquellos que** la tengan no van a ser felices nunca.*
Andrés:	*Ajá, parece interesante. ¿Cómo está formado el elenco?*
Carlos:	*Ambos shows tienen las estrellas **más sexys**. En realidad, tienen **los mejores** elencos de la industria.*
Andrés:	*¿Cuántos episodios **hay**?*
Carlos:	***Hay** 175 episodios de «Te amo aunque seas infiel» y 150 episodios de «Torbellino en el jardín celestial».*
Andrés:	*¿Y a qué audiencia están dirigidas?*
Carlos:	*Principalmente mujeres, de entre 25 y 55 años, pero de todas las edades, en realidad. Y hombres también, ¿por qué no?*
Andrés:	*De acuerdo. Las tramas parecen interesantes. **Hablemos** de números, entonces...*

Say it in English!

Estudiemos en detalle cómo se usan algunas de las expresiones que acabas de leer en el diálogo.

a Los números del **50** al **1000**

50 fifty	300 three hundred
60 sixty	400 four hundred
70 seventy	500 five hundred
80 eighty	600 six hundred
90 ninety	700 seven hundred
100 a hundred/one hundred	800 eight hundred
200 two hundred	900 nine hundred
	1000 a/one thousand

- Fíjate cómo leer estos números:

175: one hundred seventy-five

510: five hundred ten

230: two hundred thirty

909: nine hundred nine

- Puedes decir **0** de dos maneras principales:

zero:	-números en general	3...2...1...0	three-two-one-zero
	-en matemática	0. 201	zero-point-two-oh-one
	-para la temperatura	-10 º F	ten Degrees below zero
	-resultados deportivos	2-0	two-zero

oh: -números que se dicen por separado:

-números telefónicos	567 0908	five-six-seven-oh-nine-oh-eight
-tarjetas de crédito	4560 80907	four-five-six-oh-eight-oh-nine-oh-seven
-números de vuelo	Flight 203	two-oh-three
-direcciones	509 Lincoln Ave.	five-oh-nine
-la hora	8:09	eight-oh-nine
-años	1901	nineteen-oh-one

- Estos pares de números pueden dar lugar a confusión. Fíjate cómo se pronuncian de manera diferente. Las **negritas** te indican dónde se acentúa la palabra:

última sílaba	primera sílaba
13 thir**teen**	30 **thir**ty
14 four**teen**	40 **for**ty
15 fif**teen**	50 **fif**ty
16 six**teen**	60 **six**ty
17 seven**teen**	70 **se**venty
18 eigh**teen**	80 **eigh**ty
19 nine**teen**	90 **nine**ty

Los verbos **talk** y **tell**:

Talk (talked/talked) significa *conversar* o *hablar*.
Se usa frecuentemente con la preposición **about** que quiere decir *sobre*.

I'd like to **talk** to you **about** our latest *telenovelas.*
*Me gustaría **hablar** contigo **sobre** nuestras últimas telenovelas.*

We **talked** for hours.
***Conversamos** durante horas.*

Tell (told/told) significa *decir* o *contar*.
También se puede usar con la preposición **about**.

Tell me **about** them.
Cuéntame sobre *ellas.*

I **told** him the truth.
Le dije la verdad.

Grammar Notes

Lee atentamente estos apuntes claros y breves sobre los temas gramaticales que aparecen en el diálogo.

a El superlativo/**The superlative**

Cuando se comparan cosas y se trata de destacar una de ellas sobre el resto, se usa el superlativo, que se forma agregando el artículo **the** + la terminación **–est** a los adjetivos cortos o el artículo **the** + las palabras **most/least** cuando el adjetivo es largo.

long: *larga*	**the** long**est**: *la más larga*
easy: *fácil*	**the** easi**est**: *el más fácil*
successful: *exitosa*	**the most** successful: *la más exitosa*
interesting: *interesante*	**the least** interesting: *la menos interesante*

These are **the most successful** *telenovelas* we've ever produced.
Éstas son las telenovelas **más exitosas** que hemos producido hasta ahora.

They have **the hottest** stars.
Tienen las estrellas ***más sexys****.*

- Como sucede con los comparativos, **good** y **bad** forman el superlativo de una manera irregular:

good: *bueno*

the best *(el/la mejor)*

bad: *malo*

the worst *(el/la peor)*

- Los superlativos pueden completarse con estas frases:

in + un lugar: in the world, in the family, in Mexico, etc.

She's **the best** actress in Mexico.
Ella es la mejor actriz de México.

-superlativo + **of all**

This plot is **the best of all**.
*Esta historia es **la mejor de todas**.*

b Las proposiciones adjetivas / **The adjective clauses**

Las proposiciones adjetivas comienzan con **who**, **that** y **which**:

se usa con		significa
who	personas	quien
that	personas y cosas	que
which	cosas	lo cual

Se colocan detrás de un sustantivo al cual modifican.
Veamos estos ejemplos:

The *telenovelas* **that/which** we produce.

sustantivo: cosa — proposición que lo modifica

*Las telenovelas **que/las cuales** producimos.*

A girl **that/who** lives in a big city.

sustantivo: cosa — proposición que lo modifica

*La muchacha **que** vive en una gran ciudad.*

C Uso de **another** y **other:**

- **Another** significa *otro/otra* y se usa siempre en singular:

another city: ***otra** ciudad*

another man: ***otro** hombre*

another story: ***otra** historia*

another episode: ***otro** episodio*

- **The other** también significa *otro/otra* pero puede usarse tanto en singular como en plural.

-En singular se usa **the other** + un **sustantivo singular**.

Significa *el otro* o *la otra*.

the **other** *telenovela*:
*la **otra** telenovela*

the **other** actor:
*el **otro** actor*

- En plural se usa **the other** + un **sustantivo plural.** Significa *los otros/las otras*.

the other girls:
***las otras** muchachas*

the other *shows*:
***los otros** shows*

- **Another** y **the other** también pueden usarse solos:

I had a cup of coffee.
I want **another**.
Bebí una taza de café.
*Quiero **otra**.*

This *telenovela* is about love.
The other is about hate.
Esta telenovela es sobre el amor.
***La otra** es sobre el odio.*

- También puede usarse en plural **the others** o **others**. En este caso, no se usan nunca con un sustantivo.

I have three sisters.
One is a teacher and **the others** are doctors.
Tengo tres hermanas.
*Una es maestra, y **las otras** son médicas.*

Some people like dogs.
Others prefer cats.
A algunas personas les gustan los perros.
***Otras** prefieren los gatos.*

El verbo **haber en plural: there are.**

- En la **Unidad 2** estudiamos el verbo haber en singular: **there is**. Cuando te refieres a más de una cosa o persona debes usar **there are**.

There are: hay (más de una cosa/persona)

There are 175 episodes.
***Hay** 175 episodios.*

There are many good actors.
***Hay** muchos buenos actores.*

- El **negativo** se forma agregando **not** después de **are**, y se usa la forma contraída **aren't**. Puede agregarse **any** (*algunos/algunas*).

There aren't many episodes.
***No hay** muchos episodios.*

There aren't any good stories.
***No hay** buenas historias.*

-Para **hacer preguntas** inviertes el orden: **are** se coloca delante de **there**.

There are new episodes.
***Hay** nuevos episodios.*

Are there any new episodes?
*¿**Hay** nuevos episodios?*

- En las preguntas **en plural**, se agrega **any** (*algunos/algunas*).

Are there any good actors?
*¿**Hay (algunos)** buenos actores?*

Are there any new episodes?
*¿**Hay** (**algunos**) nuevos episodios?*

- Para contestar con respuestas cortas:

Are there any good actors? *¿**Hay** buenos actores?*	Yes, **there are**. *Sí, **hay**.* No, **there aren't**. *No, **no hay**.*
Are there any new episodes? *¿**Hay** nuevos episodios?*	Yes, **there are**. *Sí, **hay**.* No, **there aren't**. *No, **no hay**.*

Recuerda

There is ——> *hay (una sola persona, cosa o situación).*

There are —> *hay (más de una persona, cosa o situación).*

UNIDAD 17

Do you feel any better?

¿Se siente mejor?

UNIDAD 17

Do you feel any better?

¿Se siente mejor?

En esta unidad aprenderás
a expresarte con fluidez cuando necesites:

Hablar con una enfermera en un hospital

Hablar sobre problemas de salud

Además, te explicaremos de manera simple y clara estos temas gramaticales:

- *uso del auxiliar* ***can*** *para expresar habilidad*
- *uso de* ***a few***, ***a little***, ***a lot of*** *para expresar cantidad*

Let's talk!

Mónica está en el hospital cuidando a un paciente que ha sido operado.

Lee el siguiente diálogo:

Mónica:	Good morning, Joe, **how are things going today**? **Do you feel any better?**
Joe:	Well, yesterday I felt **a little** better, but now **I have this pain in my leg**...
Mónica:	Did you sleep well last night?
Joe:	So-so. I woke up **a few** times..., you know, the nurses were coming in and out...
Mónica:	Oh, I know, we nurses are so annoying (joking), the moment you fall asleep, there's a nurse coming in to check something!
Joe:	(Laughing) Yes, they're just awful...
Mónica:	So, let me **check** your **temperature**... Okay...and your **blood pressure**...
Joe:	Do I have **a fever**?
Mónica:	Just **a little**, but your **pressure** is normal. **Can** you sit up, please? There you go... Where does **it hurt**?
Joe:	**It hurts** right here, in my knee.
Mónica:	**Can** you feel this or is it numb?
Joe:	Yes, I **can** feel it ... Ahhh, it hurts **a lot**. I **could** move my leg yesterday, I **could** even make **a few** steps...but today I **can't**...I feel **a little** dizzy, too.
Mónica:	Well, don't worry. Dr. Ross will be here any minute, I just ran into him down the hall.... Tell him about your **pain**, and he'll probably give you a stronger analgesic.
Joe:	Thank you very much, Monica. You're my favorite nurse!
Mónica:	Oh, come on! I'm sure you tell all the nurses that!

Traducción del diálogo

Mónica:	*Buenos días, Joe, ¿**cómo están las cosas hoy**? **¿Te sientes algo mejor?***
Joe:	*Bueno, ayer me sentía **un poco** mejor, pero ahora **tengo este dolor en mi pierna**...*
Mónica:	*¿Dormiste bien anoche?*
Joe:	*Más o menos. Me desperté **algunas** veces..., tú sabes, las enfermeras entraban y salían...*
Mónica:	*Ah, ya lo sé, nosotras las enfermeras somos tan molestas (bromeando), apenas te duermes, ¡hay una enfermera que entra para checar algo!*
Joe:	*(Riéndose) Sí, son terribles.*
Mónica:	*Bien, déjame **revisar** tu **temperatura**... Muy bien...y tu **presión sanguínea**...*
Joe:	*¿Tengo **fiebre**?*
Mónica:	*Sólo **un poco**, pero tu **presión** está normal. ¿**Puedes** sentarte, por favor? Ahí está... ¿Dónde te **duele**?*
Joe:	***Me duele** justo aquí, en la rodilla.*
Mónica:	*¿**Puedes** sentir esto o está dormida?*
Joe:	*Sí, **puedo** sentirlo... ¡Ay!, **duele** mucho. Ayer **podía** mover mi pierna, **podía** incluso dar **unos** pasos...pero hoy **no puedo**... Y me siento **un poco** mareado también.*
Mónica:	*Bueno, no te preocupes. El Dr. Ross vendrá aquí en cualquier momento, acabo de cruzarme con él en el pasillo... Cuéntale sobre tu **dolor**, y probablemente te dará un analgésico más fuerte.*
Joe:	*Muchas gracias, Mónica. ¡Eres mi enfermera favorita!*
Mónica:	*Ah, ¡vamos! ¡Estoy segura de que le dices eso a todas las enfermeras!*

Say it in English!

Estudiemos en detalle cómo se usan algunas de las expresiones que acabas de leer en el diálogo.

a Lee estas **preguntas y frases comunes que puede decir una enfermera** cuando habla con un paciente:

How are you feeling today?
¿Cómo se siente hoy?

How are things going today?
¿Cómo van las cosas hoy?

Do you feel any better?
¿Se siente mejor?

Did you sleep well last night?
¿Durmió bien anoche?

Let me check your temperature.
Déjeme tomarle la temperatura.

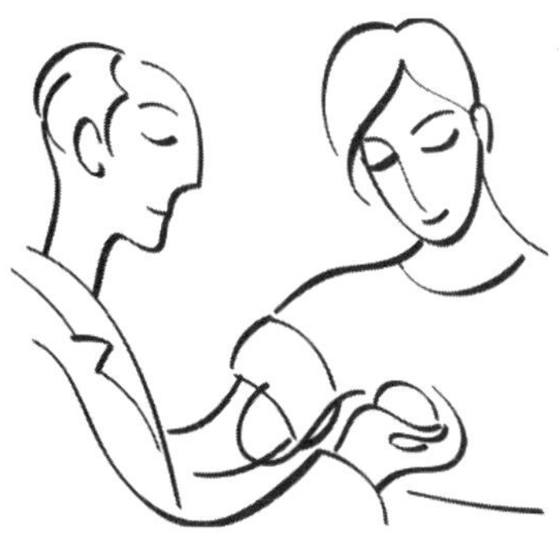

Let me check your blood pressure.
Déjeme revisar su presión sanguínea.

Where does it hurt?
¿Dónde le duele?

You need to lie down and rest.
Necesita acostarse y descansar.

You have to take this medicine twice a day.
Tiene que tomar esta medicina dos veces por día.

Cuando una persona quiere **explicar algún malestar o describir un síntoma**, puede usar alguna de estas expresiones:

I don't feel very well: *no me siento bien.*

I feel terrible: *me siento muy mal.*

I'm very tired: *estoy muy cansado.*

I feel dizzy: *me siento mareado.*

I feel sick: *me siento enfermo.*

I feel nauseas/sick to my stomach: *tengo náuseas.*

I feel weak: *me siento débil.*

I think I've got a fever: ***creo que tengo fiebre.***

I've got a headache: *me duele la cabeza.*

I have a sore throat: *me duele la garganta.*

I have a stomachache: *me duele el estómago.*

I have a cough: *tengo tos.*

I've been sneezing all day: *he estado estornudando todo el día.*

My allergies are bothering me: *las alergias me molestan.*

I have diarrhea: *tengo diarrea.*

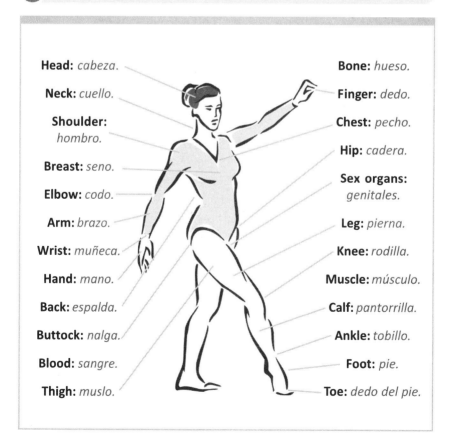

Puedes **expresar dolor** de estas maneras:

-Con el verbo **hurt**:

It **hurts** a lot.
***Duele** mucho.*

It doesn't **hurt**.
*No **duele**.*

Where does it **hurt**?
*¿Dónde le **duele**?*

-Usando **pain** o **painful**:

I have a **pain** in my back.
*Tengo un **dolor** en la espalda.*

It's very **painful**.
*Es muy **doloroso**.*

Do you feel any **pain**?
*¿Siente algún **dolor**?*

The human body El cuerpo humano

Head: *cabeza.*
Neck: *cuello.*
Shoulder: *hombro.*
Breast: *seno.*
Elbow: *codo.*
Arm: *brazo.*
Wrist: *muñeca.*
Hand: *mano.*
Back: *espalda.*
Buttock: *nalga.*
Blood: *sangre.*
Thigh: *muslo.*
Bone: *hueso.*
Finger: *dedo.*
Chest: *pecho.*
Hip: *cadera.*
Sex organs: *genitales.*
Leg: *pierna.*
Knee: *rodilla.*
Muscle: *músculo.*
Calf: *pantorrilla.*
Ankle: *tobillo.*
Foot: *pie.*
Toe: *dedo del pie.*

e Fíjate cómo se dicen los **órganos** más importantes:

Appendix: *apéndice.*
Bladder: *vesícula.*
Bowel: *intestino.*
Brain: *cerebro.*
Bronchial tubes: *bronquios.*
Heart: *corazón.*
Kidney: *riñón.*
Liver: *hígado.*
Lung: *pulmón.*
Ovary: *ovario.*
Prostate: *próstata.*
Stomach: *estómago.*

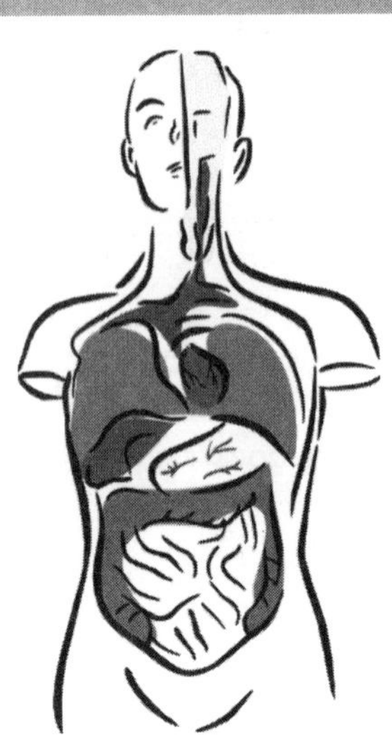

Grammar Notes

Lee atentamente estos apuntes claros y breves sobre los temas gramaticales que aparecen en el diálogo.

a En la **Unidad 13** estudiamos que el auxiliar **can** puede usarse para expresar **habilidad en el presente**, por ejemplo:

Can you feel this or is it numb?
*¿**Puede** sentir esto o está adormecido?*

Yes, I **can** feel it.
*Sí, **puedo** sentirlo.*

Can you sit up, please?
*¿**Puede** sentarse, por favor?*

I **can** make a few steps.
***Puedo** dar algunos pasos.*

- Para expresar **habilidad en el pasado** se usa el auxiliar **could** o su forma negativa **couldn't**.

I **could** walk on my own yesterday.
Pude caminar solo ayer.

I **couldn't** sleep very well.
No pude dormir muy bien.

I **could** make a few steps.
Pude dar algunos pasos.

- Para **hacer preguntas**, **could** se coloca al principio de la oración.

Could you walk alone yesterday?
*¿**Pudo** caminar solo ayer?*

Could you sleep well?
*¿**Pudo** dormir bien?*

Could you make a few steps?
*¿**Pudo** dar algunos pasos?*

Expresar cantidad usando **a few** y **a little**:

-A few quiere decir *unos, unas, algunos, algunas* o *un poco de* y se usa para expresar cantidad con sustantivos contables:

I woke up **a few** times.
*Me desperté **algunas** veces.*

I could make **a few** steps.
*Pude dar **unos** pasos.*

-A little quiere decir *algo* o *un poco* y se usa para **expresar cantidad** con sustantivos incontables:

You have **a little** fever.
*Tiene **un poco** de fiebre.*

I drank **a little** water.
*Bebí **algo** de agua.*

-A lot of quiere decir *mucho, mucha, un montón* y se usa de esta manera:

- con sustantivos contables en plural:

There are **a lot of** nurses at the hospital.
*Hay **un montón de** enfermeras en el hospital.*

He has **a lot of** health problems.
*Él tiene **muchos** problemas de salud.*

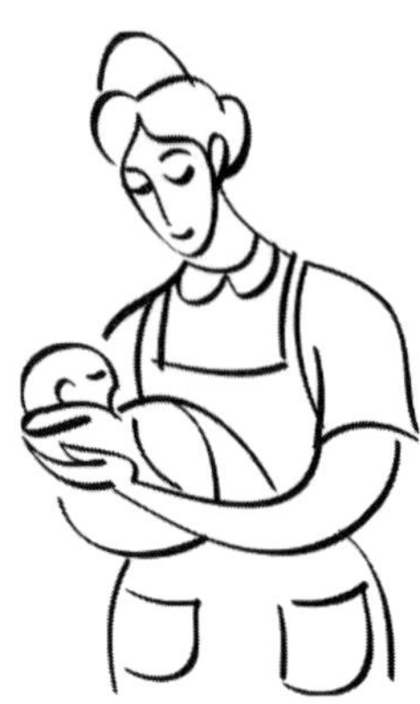

- con sustantivos incontables:

Patients need **a lot of** care.
*Los pacientes necesitan **mucho** cuidado.*

Nurses have **a lot of** patience.
*Las enfermeras tienen **mucha** paciencia.*

Recuerda

sustantivos contables	sustantivos incontables
a few a lot	a little a lot

UNIDAD 18

I got lost!

¡Me perdí!

UNIDAD 18

I got lost!

¡Me perdí!

En esta unidad aprenderás a expresarte con fluidez cuando necesites:

Ubicar lugares y calles

Además, te explicaremos de manera simple y clara estos temas gramaticales:

- *uso del infinitivo para dar instrucciones*
- *preposiciones de lugar*
- *uso de* **so** *y* **too**
- *preguntas con* **how**

Let's talk!

María quiso ir caminando sola al correo para conocer un poco más Miami, donde viven sus tíos y su primo. Como no conoce el camino, se pierde y pregunta cómo llegar.
Las instrucciones no le resultan muy claras y decide volver a su casa... ¡Pero no sabe cómo!

Lee el siguiente diálogo

María:	Excuse me, I think I got lost, **how far** is the post office from here?
Passer by:	Which one?
María:	Um... The one **at 750 3rd Avenue** ...
Passer by:	Oh, the one **on 3rd Avenue**... Let me **think**... It's not **too** far... It'll **take** you about ten minutes to walk...
María:	Oh, OK... And **how** do I get there?
Passer by:	You should **take** the first **left,** that's K Street, and **go straight ahead** for three blocks...
María:	OK... And then?
Passer by:	When you get to 3rd Avenue, **turn right**. Walk one block on 3rd Avenue and you'll get to **the corner of** 3rd Avenue and Kearney Street. **Go across** the park and **turn left**. **Go past** the parking lot, and you'll see the post office **in front of you**, **between** the hair salon and the coffee store. **You can't miss it**...
María:	Well, I'm not **so** sure... Did you say **go across** the park and then **turn right**?
Passer by:	No, **turn left...**
María:	Uh... This is too hard... I think I'll ask my cousin to drop the letters for me! I'm not from here, and it's so hard for me to get around... Thanks anyway... Bye!
Passer by:	**As you wish**, take care!
María:	Oh, please wait! **How** do I get home now?

Traducción del diálogo

María:	*Disculpe, creo que me perdí, ¿**a qué distancia** está el correo desde aquí?*
Transeúnte:	*¿Cuál de ellos?*
María:	*Eh... El que está **en el número 750** de la Tercera Avenida...*
Transeúnte:	*Ah, el que está **en** la **Tercera Avenida** ... Déjame pensar... No está **tan** lejos... Te **tomará** alrededor de diez minutos de caminata...*
María:	*Ah, bueno... ¿Y **cómo** hago para llegar allí?*
Transeúnte:	*Deberías **tomar la primera a la izquierda,** ésa es la calle K, y **caminar derecho** tres cuadras...*
María:	*De acuerdo... ¿Y después?*
Transeúnte:	*Cuando llegues a la Tercera Avenida, **da vuelta a la derecha**. Camina una cuadra por la Tercera Avenida y llegarás **a la esquina de** la Tercera Avenida y la calle Kearney. **Cruza** el parque y **da vuelta a la izquierda**. **Pasa por delante** del estacionamiento y verás la oficina del correo **delante de ti**, entre la peluquería y el café. **No te puedes perder**...*
María:	*Bueno, no estoy tan segura... ¿Dijo que **cruce** el parque y luego **de vuelta a la derecha**?*
Transeúnte:	*No, **da vuelta a la izquierda.***
María:	*Ah... Esto es demasiado difícil... ¡Creo que le pediré a mi primo que lleve las cartas por mí! No soy de aquí y me resulta tan difícil moverme... Gracias igualmente... ¡Adiós!*
Transeúnte:	*Como prefieras, ¡cuídate!....*
María:	*Ah, por favor, ¡espere! ¿**Cómo** hago para llegar a mi casa ahora?*

Say it in English!

Estudiemos en detalle cómo se usan algunas de las expresiones que acabas de leer en el diálogo.

a Cuando necesitas **preguntar cómo llegar a un lugar**, puedes decir:

How do I get to the post office?
*¿**Cómo puedo llegar** al correo?*

How can I get to the pharmacy?
*¿**Cómo puedo llegar** a la farmacia?*

b Cuando quieres **saber dónde queda un lugar**, preguntarás:

Where's the bank?
*¿**Dónde está** el banco?*

Where's the parking lot?
*¿**Dónde está** el estacionamiento?*

Do you know where the zoo is?
*¿**Sabe** donde está el zoológico?*

Is there a car dealership **near here**?
*¿**Hay** una agencia de autos **cerca de aquí**?*

c Puedes usar **far** y **near** para preguntar por la distancia:

Is it **far**? *¿Es **lejos**?*
Is it **far** from here? *¿Es **lejos** de aquí?*
Is it **near?** *¿Es **cerca?***
Is it **near** here? *¿Es **cerca** de aquí?*

d Las repuestas pueden ser:

No, it's not **far**. *No, no es lejos.*
It's not too **far**. *No es **demasiado** lejos.*
It's not so **far.** *No es tan **lejos.***
It's very **near**. *Es muy **cerca**.*

e Para decirle a alguien que verá fácilmente el lugar que está buscando, puedes usar:

You can't miss it. *No puedes perderte.*
You'll see it. *Lo verás.*

Los medios de transporte / **Means of transportation**

Se usan con la preposición **by**:

You can go **by**	**bus**	*Puedes ir en*	*autobús*
	car		*auto*
	train		*tren*
	taxi		*taxi*
	subway		*metro*
	plane		*avión*
	bicycle/bike		*bicicleta*
	ship		*barco*
	ferry		*transbordador*

Y también con el verbo **take**:

You can **take**	**the bus**	*Puedes tomar*	*el autobús*
	the subway		*el metro*
	the train		*el tren*

Los puntos cardinales /**Cardinal Directions**

North: *Norte.*

South: *Sur.*

East : *Este.*

West: *Oeste.*

Grammar Notes

Lee atentamente estos apuntes claros y breves sobre los temas gramaticales que aparecen en el diálogo.

a Para **dar instrucciones**, se usa la **forma imperativa** del verbo, es decir, el verbo sin un pronombre sujeto delante. El sujeto **You** no debe usarse:

- Fíjate en estos ejemplos de **instrucciones afirmativas**:

Walk to the corner.
Camina *hasta la esquina.*

Turn right.
Da vuelta *a la derecha.*

Go across the park.
Cruza *el parque.*

- Para formar **oraciones negativas**, se agrega **Don't** delante del verbo:

Don't walk to the corner.
No camines *hasta la esquina.*

Don't turn right.
No des vuelta *a la derecha.*

Don't go across the park.
No cruces *el parque.*

Lee las siguientes instrucciones que se usan **para indicar cómo llegar a un lugar**:

Go	straight ahead.	*Sigue derecho.*
	across the park.	*Cruza el parque.*
	down this road.	*Siga por este camino.*
	through the intersection.	*Cruce la intersección.*
	to your left.	*Ve a tu izquierda.*
Walk/Go	to the corner.	*Camina hasta la esquina.*

Stay on 3rd Avenue for two blocks.
Sigue dos cuadras por la Tercera Avenida.

Turn right/ **Hang** a right/ **Take** a right.
Da vuelta a la derecha.

Turn left/ **Hang** a left/ **Take** a left.
Da vuelta a la izquierda.

Take the first right.
Da vuelta en la primera calle a la derecha.

Walk/Go/Drive past the mall
Pase por delante del centro comercial.

Take the second left.
Da vuelta en la segunda calle a la izquierda.

Drive along this street.
Conduzca por esta calle.

Fíjate en las siguientes preposiciones que se usan para **describir la ubicación de un lugar**:

on + nombre de la calle:
on K Street

The post office is **on** 3rd Avenue.
*El correo está **en** la Tercera Avenida.*

at + dirección:
at 690 3rd Avenue

The post office is **at** 750 3rd Avenue .
*El correo está **en** el 750 de la Tercera Avenida*

across from: *enfrente de*

It's **across from** the park.
*Está **enfrente del** parque.*

next to: *al lado de*

It's **next to** the computer store.
*Está **al lado** del negocio de computación.*

between: *entre*

It's **between** the hair salon and the coffee store.
*Está **entre** la peluquería y el café.*

at/on the corner:
en la esquina

The dry cleaner's is **on/at the corner**.
*La tintorería está **en la esquina**.*

It's **on/at the corner of** Hilltop drive and H Street.
*Está **en la esquina de** Hilltop Drive y H Street.*

near/close to: *cerca*

The theater is **near** the restaurant.
*El teatro está **cerca** **del** restaurante.*

far: *lejos*

It's **far from** the mall.
*Está **lejos del** centro comercial.*

d Preguntas con la palabra interrogativa How

How significa Cómo:

How was your day?
*¿**Cómo** fue tu día?*

How do I get to the post office?
*¿**Cómo** puedo llegar al correo?*

Cuando se usa junto a otras palabras cambia su significado, como ya hemos visto en el caso de **how much** y **how many (Unit 7/Unit 14)**; **how often (Unit 8)**; **how old (Unit 10)**. En esta unidad veremos como **how** se combina con **far** y **long** para hacer preguntas relacionadas con distancia y tiempo:

- **How + far** para preguntar por la **distancia** que hay hasta un lugar determinado:

How far is it?
*¿**A qué distancia** está?*

How far is the Post Office?
*¿**A qué distancia** está el Correo?*

- **How + long** para preguntar por el tiempo que se tarda en hacer una actividad. El verbo que se usa es **take**, que en este caso significa *llevar* o *tardar.*

How long does it **take** to get to the beach?
*¿**Cuánto tiempo** se **tarda** en llegar a la playa?*

How long does it **take** to go to New York by plane?
*¿**Cuánto tiempo toma** viajar a Nueva York en avión?*

- Para responder, debes usar **it + takes**:

It takes half an hour.
***Se tarda/toma** media hora.*

It takes nine hours.
***Se tarda** 9 horas.*

e Uso de **so** (tan) y **too** (demasiado)

Estas palabras modifican a adjetivos y adverbios:

It's not too far.
*No es **demasiado** lejos.*

This is too hard.
*Esto es **demasiado** difícil.*

I'm not **so** sure.
*No estoy **tan** segura.*

It's **so** difficult to get around here.
*Es **tan** difícil moverse por aquí.*

UNIDAD 19

I'd like to get a car

Me gustaría comprar un auto

UNIDAD 19

I'd like to get a car

Me gustaría comprar un auto

En esta unidad aprenderás a expresarte con fluidez cuando necesites:

Aprender la diferencia de significado de los verbos **ask** y **ask for**

Aprender los diferentes significados de **like**: como verbo y en comparaciones

Expresar cantidad usando **most**

Además, te explicaremos de manera simple y clara estos temas gramaticales:

- expresar preferencias con **prefer**, **would prefer** y **would rather**
- uso de **either...or**

Let's talk!

Pablo quiere comprar un auto y le pregunta a Carla, su asistente, cómo puede hacerlo.

Lee el siguiente diálogo

Pablo:	Carol, can I **ask** you a question? I'm thinking about getting a car, but I don't know where to start looking...
Carla:	What **do you prefer**? A used car or a new car?
Pablo:	Well, I **prefer** new cars, **like most** people, I guess, but **I'd rather** buy a used car first... Where can I check out prices, makes, models...?
Carla:	There's a car dealer near the office, you could drop by and see what they have to offer... Then, you can **either** check the classifieds (section) in the newspaper **or** browse the Internet... There are a lot of good opportunities, you just need some time to shop around and find a car that fits your needs.
Pablo:	And once I find the right car, how can I pay for it?
Carla:	**Most** dealers **ask for** a 20% down payment, and for the rest you can apply for a loan at the car dealer, a bank, or a credit union... But to **ask for** a loan you need some time to build your credit rating...You can always pay in cash, of course.
Pablo:	I see...and how do I get a driver's license?
Carla:	Well, you have to apply for your driver's license at the Department of Motor Vehicles. You can browse their website to see what is required before you go...
Pablo:	Thank you, Carol. I'm going to think it over.

Traducción del diálogo

Pablo:	*Carol, ¿puedo* ***hacerte*** *una pregunta? Estoy pensando en comprarme un auto, pero no sé por dónde empezar a buscar...*
Carla:	*¿Qué* ***prefieres****? ¿Un auto usado o un auto nuevo?*
Pablo:	*Bueno,* ***prefiero*** *los autos nuevos,* ***como*** *la* ***mayoría*** *de la gente, me imagino, pero* ***preferiría*** *comprarme un auto usado primero... ¿Dónde puedo averiguar precios, marcas, modelos...?*
Carla:	*Hay una agencia de autos cerca de la oficina, puedes ir y ver qué tienen para ofrecerte... Luego puedes* ***o*** *revisar los avisos clasificados en el diario* ***o*** *navegar por Internet... Hay muchas buenas oportunidades, sólo necesitas un poco de tiempo para averiguar precios y encontrar un auto que esté de acuerdo a tus necesidades.*
Pablo:	*Y una vez que encuentre el auto adecuado, ¿cómo puedo pagarlo?*
Carla:	***La mayoría*** *de los vendedores piden un 20% de adelanto y, para el resto, puedes solicitar un préstamo en la agencia de autos, en un banco o en una cooperativa financiera... Pero para* ***pedir*** *un préstamo necesitas algo de tiempo para poder armar tu historial crediticio... Siempre se puede pagar en efectivo, por supuesto.*
Pablo:	*Ya veo... y, ¿cómo obtengo la licencia de conductor?*
Carla:	*Bueno, debes solicitar la licencia de conductor en el Departamento de Vehículos Motorizados. Puedes navegar por su sitio web para ver cuáles son los requisitos antes de ir...*
Pablo:	*Muchas gracias, Carol. Lo voy a pensar detenidamente.*

Say it in English!

Estudiemos en detalle cómo se usan algunas de las expresiones que acabas de leer en el diálogo.

a El verbo **ask** puede usarse con dos significados diferentes:

Preguntar:

Can I **ask** you something?
*¿Puedo **preguntarte** algo?*

He **asked** my name.
***Preguntó** mi nombre.*

Con la preposición **for** significa *pedir*:

You can **ask for** a loan.
*Puedes **pedir** un préstamo.*

They're going to **ask for** a down payment.
*Van a **pedir** un adelanto.*

b Usos de la palabra **like**:

Como verbo, **like** quiere decir *gustar, agradar*.
Es un verbo regular, y su pasado es *liked.*

I **like** new cars.
***Me gustan** los autos nuevos.*

What make of car do you **like**?
*¿Qué marca de auto te **gusta**?*

Like se usa también en comparaciones y significa *como, de igual manera*:

I prefer new cars, **like** most people.
*Prefiero los autos nuevos, **como** la mayoría de la gente.*

My car is exactly **like** this one.
*Mi auto es exactamente **como** éste.*

C

Cuando te refieres a *la mayoría o la mayor parte de algo o número de personas*, puedes usar **most**:

Most dealers ask for a down payment.
***La mayoría de** los vendedores piden un adelanto.*

Most people prefer new cars.
***La mayoría de** la gente prefiere autos nuevos.*

Most cars have airbags.
***La mayoría de** los autos tienen bolsas de aire*

The car / *El automóvil*

The interior / *El interior*

Accelerator/gas pedal: *acelerador.*

Air bag: *bolsa de aire.*

Brake: *freno.*

CD player: *reproductor de CD.*

Clutch: *embrague.*

Dashboard: *tablero.*

Fuel gauge: *indicador de combustible.*

Gear shift: *caja de cambios.*

Horn: *bocina.*

Ignition: *ignición.*

Odometer: *contador de millas/kilómetros.*

Parking brake: *freno de mano.*

Rearview mirror: *espejo retrovisor.*

Seat: *asientos.*

Speedometer: *velocímetro.*

Steering wheel: *volante.*

Turn signal: *luz de giro.*

The exterior / *El exterior*

Antenna: *antena.*

Bumper: *paragolpes.*

Door: *puerta.*

Exhaust pipe: *tubo de escape.*

Fender: *salpicadera.*

Gas cap: *tapa del tanque de combustible.*

Headlight: *luz delantera.*

Hood: *capó.*

Hub caps: *tazas.*

License plate: *placa, matrícula.*

Luggage rack: *portaequipaje.*

Side mirror: *espejo lateral.*

Spare tire: *llanta/ neumático de auxilio.*

Sunroof: *techo deslizable.*

Tire: *llanta/neumático de refacción.*

Trunk: *maletero.*

Wheel: *llanta.*

Windshield: *parabrisas.*

Windshield wiper: *limpiaparabrisas.*

Grammar Notes

Lee atentamente estos apuntes claros y breves sobre los temas gramaticales que aparecen en el diálogo.

a Para expresar **preferencias**, puedes usar las siguientes expresiones:

- prefer
- would prefer ('d prefer)
- would rather ('d rather)

- **Prefer** se usa frecuentemente para expresar **preferencias generales**:

I **prefer** to buy a new car.
***Prefiero** comprar un auto nuevo.*

What do you **prefer**, a used car or a new car?
*¿Qué **prefieres,** un auto usado o un auto nuevo?*

I **prefer** a new car.
***Prefiero** un auto nuevo.*

- **Would prefer ('d prefer)** o **would rather ('d rather)** se usan para hablar de **preferencias en una situación particular**:

I **prefer** a new car, but **I'd rather** buy a used car first.
***Prefiero** un auto nuevo, pero **preferiría** comprar primero un auto usado.*

I usually **prefer** big cars, but this time **I'd prefer** to buy a small car.
*Por lo general, **prefiero** los autos grandes, pero **preferiría** comprarme uno chico.*

I usually **prefer** to travel by car, but next Friday **I'd rather** go by plane.
*Generalmente **prefiero** viajar en auto, pero el próximo viernes **preferiría** ir en avión.*

I **prefer** to go to work by subway, but today **I'd rather** take a taxi.
***Prefiero** ir a trabajar en subterráneo, pero hoy **preferiría** tomar un taxi.*

Recuerda

Would rather va seguido del verbo sin la partícula **to**.

I'd rather **go** out.
Preferiría salir.

Prefer y **would prefer** van seguidos de **to**:

I prefer **to** go out.
Prefiero salir.

I'd prefer **to** go out.
Preferiría salir.

b Puedes usar **either...or** al comienzo de una lista de dos posibilidades:

You can **either** check the classifieds section **or** browse the Internet.
Puedes (o) bien revisar los avisos clasificados o navegar por Internet.

You can **ask for** a loan at **either** the car dealership **or** at a bank.
Puedes pedir un préstamo (o) en una agencia de autos o en un banco.

UNIDAD **20**

Do you like New York?

¿Te gusta Nueva York?

UNIDAD 20

Do you like New York?

¿Te gusta Nueva York?

En esta unidad aprenderás a expresarte con fluidez cuando necesites:

Aprender frases relacionadas con la recepción cuando llegas a un restaurante

Expresar agrado

Además, te explicaremos de manera simple y clara estos temas gramaticales:

- *cantidad indefinida con* ***many***, ***much***, ***a lot of***
- *uso de* ***so/too many*** *y* ***so/too much***
- *el presente perfecto y los adverbios relacionados*
- *participios de los verbos regulares e irregulares*

Let's talk!

El Dr. Ross invitó a **Mónica** a cenar a un restaurante. Mientras cenan, charlan sobre Nueva York.

Lee el siguiente diálogo

Host:	Good evening, sir! Good evening, madam! **Do you have a reservation?**
Dr. Ross:	Yes, a table for two, it's under John Ross.
Host:	Oh yes, that's right. **Can I take your coats please?**
Mónica:/Dr. R:	Yes, please. Thank you.
Host:	**Follow me please**; your table is over there, by the window.
	(They sit down at the table and order their meals.)
Mónica:	**What a** wonderful place!
Dr. Ross:	I'm glad you like it. It's very quiet and private. **Have** you **ever** been to this side of town?
Mónica:	No, not really. **I haven't been out** a lot **lately**. With my English classes and my job, I haven't got **much** time left!
Dr. Ross:	**Have** you **lived** here long?
Mónica:	Just **for** two months. And you? Are you from New York?
Dr. Ross:	No, I was born in San Francisco, but **I've lived** here **since** 2001.
Mónica:	Do you like New York?
Dr. Ross:	Yes, I like it very much. It can be a little intimidating at times, you know, **so many** people, **so much** traffic, the noise!... But I think there are a lot of good things here too. I mean... the museums, the theaters... I love big bookstores... How do *you* like the city?
Mónica:	Well, to tell you the truth, it scares me a bit, but I'm getting used to it little by little...
Dr. Ross:	**Have** you **been** to Central Park **yet**?
Mónica:	No, not **yet**...
Dr. Ross:	Really? I can't believe it! I've got an idea... How about going for a walk in Central Park this Saturday afternoon? I know the park like the back of my hand. I'll show you the best places. I'm sure you'll love it...
Mónica:	Well...um... I don't know...
Dr. Ross:	I won't take no for an answer...
Mónica:	Okay then, I'd love to go!

Maître:	*¡Buenas noches, señor! ¡Buenas noches, señorita!* ***¿Tienen una reserva?***
Dr. Ross:	*Sí, una mesa para dos, a mi nombre, John Ross.*
Maître:	*Ah sí, correcto.* ***¿Me permiten sus abrigos, por favor?***
Mónica:/Dr. Ross:	*Sí, por favor. Gracias.*
Maître:	***Síganme, por favor****; su mesa está por allá, junto a la ventana.*
	(Se sientan a la mesa y ordenan sus platos.)
Mónica:	*¡****Qué*** *lugar hermoso!*
Dr. Ross:	*Estoy contento de que te guste. Es un lugar muy tranquilo y privado. ¿****Has estado alguna vez*** *en esta parte de la ciudad?*
Mónica:	*No, realmente no.* ***No he salido*** *mucho* ***últimamente****. ¡Entre mis clases de inglés y mi trabajo, no me queda mucho tiempo!*
Dr. Ross:	*¿****Has vivido*** *aquí por mucho tiempo?*
Mónica:	*Sólo por dos meses. ¿Y tú? ¿Eres de Nueva York?*
Dr. Ross:	*No, nací en San Francisco, pero* ***he vivido*** *aquí* ***desde*** *2001.*
Mónica:	*¿Te gusta Nueva York?*
Dr. Ross:	*Sí, me gusta mucho. Puede ser un poco intimidante por momentos, tú sabes,* ***tanta*** *gente,* ***tanto*** *tránsito, ¡el ruido!... Pero creo que hay muchas cosas buenas también. Quiero decir... los museos, los teatros... Me encantan las grandes librerías... ¿Y a ti qué te parece la ciudad?*
Mónica:	*Bueno, para decirte la verdad, me asusta un poco, pero me estoy acostumbrando poco a poco...*
Dr. Ross:	*¿****Has estado ya*** *en Central Park?*
Mónica:	*No,* ***todavía*** *no...*
Dr. Ross:	*¿En serio? ¡No puedo creerlo! Tengo una idea... ¿Qué te parece si vamos a caminar al Central Park este sábado a la tarde? Conozco el parque como la palma de mi mano. Te mostraré los mejores lugares. Estoy seguro de que te encantará...*
Mónica:	*Bueno,... eh... No lo sé...*
Dr. Ross:	*No aceptaré un no como respuesta...*
Mónica:	*¡De acuerdo entonces! ¡Me encantaría ir!*

Say it in English!

Estudiemos en detalle cómo se usan algunas de las expresiones que acabas de leer en el diálogo.

a Cuando **llegas a un restaurante**, pueden recibirte de esta manera:

Do you have a reservation?
¿Tiene una reservación?

Can I take your coats?
*¿**Pueden darme** sus abrigos?*

Let me take your coats.
***Permítanme** sus abrigos.*

Follow me please.
***Sígame**, por favor.*

Your table is over there.
***Su mesa** está por allá.*

I'll show you to your table.
***Los acompañaré** a su mesa.*

Is this table okay?
*¿**Está bien** esta mesa?*

Will this table be okay?
*¿**Estará bien** esta mesa?*

Take a sit, please.
***Tomen asiento**, por favor.*

I'll be right back.
***Volveré** enseguida.*

I'll bring the menu right away.
***Traeré el menú** inmediatamente.*

b Puedes **expresar que algo te agrada** de la siguiente manera:

What a wonderful place!
*¡**Qué** hermoso lugar!*

What a beautiful restaurant!
*¡**Qué** lindo restaurante!*

What a delicious dinner!
*¡**Qué** cena deliciosa!*

Grammar Notes

Lee atentamente estos apuntes claros y breves sobre los temas gramaticales que aparecen en el diálogo.

a Para expresar **cantidad indefinida** con los sustantivos contables e incontables, estudiamos en la **Unidad 7** el uso de **some** y **any**, y en la **Unidad 17** el uso de **a lot of**, **a few** y **a little**. Ahora veremos cómo usar **many** y **much**.

- Para **expresar cantidad** indefinida con **sustantivos contables** puedes usar **many** o **a lot of,** que significa *muchos* o *muchas*.

I think there are **many** good things here too.
*Creo que hay **muchas** cosas buenas aquí también.*

There are **a lot of** museums and theates.
*Hay **muchos** museos y teatros.*

- Para expresar **cantidad indefinida** con **sustantivos incontables**, se usa **much** o **a lot of**, que significa *mucho* o *mucha* en oraciones negativas e interrogativas. **Much** se usa frecuentemente para responder.

There isn't **much** time.
*No hay **mucho** tiempo.*

I haven't got **a lot of** money.
*No tengo **mucho** dinero.*

Was there a lot of traffic?
No, not **much**.
¿Había mucho tráfico?
*No, no **mucho**.*

- **Many** y **much** pueden combinarse con **so** y formar **so many** y **so much**; ambos quieren decir *tanto/tanta.*

- **so many +** sustantivos contables:

There are **so many** people!
*¡Hay **tanta** gente!*

There aren't **so many** parks.
*No hay **tantos** parques.*

- **so much +** sustantivos incontables:

There's **so much** traffic and **so much** noise.
*Hay **tanto** tránsito y **tanto** ruido.*

Is there **so much** pollution?
*¿Hay **tanta** contaminación?*

- También puedes usar **too many** y **too much**, según se complementen con un sustantivo contable o incontable. Ambos significan *demasiado* o *demasiada*.

There are **too many** people.
*Hay **demasiada** gente.*

There's **too much** traffic.
*Hay **demasiado** tránsito.*

b El tiempo Presente Perfecto / **Present Perfect**

Se usa para hablar sobre un hecho que **comenzó en el pasado pero aún continúa en el presente**:

Dr. Ross **has lived** in New York since **2001**.
*El Dr. Ross **ha vivido** en Nueva York desde **2001**.*

- Cuando leemos esta oración, interpretamos que el Dr. Ross se mudó a Nueva York en 2001 y sigue viviendo allí en este momento.

Se forma con el auxiliar **have / has** + el **pasado participio** de un verbo.

He	**has**	**lived**	in New York since 2001.
	Auxiliar have/has	participio del verbo **live**	

He **has worked** at the hospital since 2002.
(y continúa trabajando allí)

*Él **ha trabajado** en el hospital desde 2002.*

María **has lived** in Queens for two months.
(y vive allí actualmente)

*María **ha vivido** en Queens durante dos meses.*

Have y **has** pueden contraerse:

She's lived

I've worked

He's waited

Para formar **oraciones negativas** con el presente perfecto, se agrega **not** después de **have/has**:

I **haven't (have not)** visited them since last summer.
*No los **he visitado** desde el verano pasado.*

He **hasn't (has not) called** me for a month.
*Él no me **ha llamado** en un mes.*

Para formar **preguntas, have** o **has** se colocan **al principio de la oración**:

She has studied English since last January.

Has she studied English since last January?

Los adverbios **ever** (alguna vez), **already** (ya), **yet** (ya/todavía) y **lately** (últimamente) se usan frecuentemente con el presente perfecto:

Have you **ever traveled** to Australia?
*¿**Has viajado** alguna vez a Australia?*

Respuesta corta:

Yes, I have.	*Sí, lo he hecho.*
No, I haven't.	*No, no lo he hecho.*
No, **never**.	*No, **nunca**.*
Not **yet**.	*No **todavía**.*

I **haven't talked** to her **yet**.
*No **he hablado** con ella **todavía.***

I'**ve seen** him already.
***Ya** lo he visto.*

They **haven't traveled** a lot **lately**.
***Ellos** no han viajado mucho **últimamente**.*

Recuerda

El **presente perfecto** siempre se refiere a situaciones que **comenzaron en el pasado y continúan en el presente**, mientras que el pasado simple se usa para **acciones que han comenzado y terminado en el pasado**.

María **worked** in Mexico for 6 years.
Pasado simple: María ya no trabaja más en México.

María **has worked** in New York for one month.
Presente perfecto: María sigue trabajando en Nueva York.

Lee atentamente la lista de verbos regulares de la **Unidad 11** con sus participios. El participio de los verbos regulares se escribe igual que el pasado.

Presente	Pasado	Participio
answer *(contestar)*	**answered** *(contestó)*	**answered** *(contestado)*
ask *(preguntar)*	**asked** *(preguntó)*	**asked** *(preguntado)*
call *(llamar)*	**called** *(llamó)*	**called** *(llamado)*
cook *(cocinar)*	**cooked** *(cocinó)*	**cooked** *(cocinado)*
help *(ayudar)*	**helped** *(ayudó)*	**helped** *(ayudado)*
hire *(contratar)*	**hired** *(contrató)*	**hired** *(contratado)*
invite *(invitar)*	**invited** *(invitó)*	**invited** *(invitado)*
like *(gustar)*	**liked** *(gustó)*	**liked** *(gustado)*
live *(vivir)*	**lived** *(vivió)*	**lived** *(vivido)*
look *(mirar)*	**looked** *(miró)*	**looked** *(mirado)*
love *(amar)*	**loved** *(amó)*	**loved** *(amado)*
need *(necesitar)*	**needed** *(necesitó)*	**needed** *(necesitado)*
open *(abrir)*	**opened** *(abrió)*	**opened** *(abierto)*
play *(jugar)*	**played** *(jugó)*	**played** *(jugado)*
rain *(llover)*	**rained** *(llovió)*	**rained** *(llovido)*
stay *(quedarse)*	**stayed** *(quedó)*	**stayed** *(quedado)*
stop *(parar)*	**stopped** *(paró)*	**stopped** *(parado)*
study *(estudiar)*	**studied** *(estudió)*	**studied** *(estudiado)*
talk *(conversar)*	**talked** *(conversó)*	**talked** *(conversado)*
travel *(viajar)*	**traveled** *(viajó)*	**traveled** *(viajado)*
try *(intentar)*	**tried** *(trató)*	**tried** *(tratado)*
wait *(esperar)*	**waited** *(esperó)*	**waited** *(esperado)*
walk *(caminar)*	**walked** *(caminó)*	**walked** *(caminado)*
want *(querer)*	**wanted** *(quiso)*	**wanted** *(querido)*
watch *(observar)*	**watched** *(observó)*	**watched** *(observado)*
work *(trabajar)*	**worked** *(trabajó)*	**worked** *(trabajado)*

Lee atentamente la lista de verbos irregulares de la **Unidad 12** con sus participios. El participio de los verbos irregulares se escribe, en muchos casos, de manera diferente del verbo en pasado.

Presente	Pasado	Participio
be *(ser/estar)*	**was/were** *(fue/fueron/era/eran/estuvo/estuvieron)*	**been** *(sido/estado)*
begin *(comenzar)*	**began** *(comenzó)*	**begun** *(comenzado)*
break *(romper)*	**broke** *(rompió)*	**broken** *(roto)*
buy *(comprar)*	**bought** *(compró)*	**bought** *(comprado)*
come *(venir)*	**came** *(vino)*	**come** *(venido)*
do *(hacer)*	**did** *(hizo)*	**done** *(hecho)*
drink *(beber)*	**drank** *(bebió)*	**drunk** *(bebido)*
eat *(comer)*	**ate** *(comió)*	**eaten** *(comido)*
feel *(sentir)*	**felt** *(sintió)*	**felt** *(sentido)*
find *(encontrar)*	**found** *(encontró)*	**found** *(encontrado)*
get *(obtener)*	**got** *(obtuvo)*	**got** *(obtenido)*
give *(dar)*	**gave** *(dio)*	**given** *(dado)*
go *(ir)*	**went** *(fue)*	**gone** *(ido)*
have *(tener)*	**had** *(tuvo)*	**had** *(tenido)*
leave *(partir)*	**left** *(partió)*	**left** *(partido)*
meet *(conocer)*	**met** *(conoció)*	**met** *(conocido)*
say *(decir)*	**said** *(dijo)*	**said** *(dicho)*
see *(ver)*	**saw** *(vio)*	**seen** *(visto)*
send *(enviar)*	**sent** *(envió)*	**sent** *(enviado)*
sit *(sentarse)*	**sat** *(se sentó)*	**sat** *(sentado)*
sleep *(dormir)*	**slept** *(durmió)*	**slept** *(dormido)*
take *(tomar)*	**took** *(tomó)*	**taken** *(tomado)*
teach *(enseñar)*	**taught** *(enseñó)*	**taught** *(enseñado)*
tell *(contar)*	**told** *(contó)*	**told** *(contado)*
think *(pensar)*	**thought** *(pensó)*	**thought** *(pensado)*
write *(escribir)*	**wrote** *(escribió)*	**written** *(escrito)*

UNIDAD 21

What a nice apartment!

¡Qué lindo departamento!

UNIDAD 3

What a nice apartment!

¡Qué lindo departamento!

En esta unidad aprenderás
a expresarte con fluidez cuando necesites:

Invitar a alguien a que entre a un lugar

Hablar sobre el orden y las tareas domésticas

Hablar sobre el tiempo y las estaciones

Conocer las diferencias entre el inglés formal, conversacional y más informal

Además, te explicaremos de manera simple y clara estos temas gramaticales:

- posesión con el genitivo ('s)
- los pronombres posesivos
- preguntas con **Whose?**

Let's talk!

Javier visita a Josh y conoce su departamento.

Lee el siguiente diálogo

Josh:	Hey, Javier, **come on in**!
Javier:	Hi, Josh. I just came over to drop off the cookbooks you lent me... Wow, hey... What a nice apartment you've got here!
Josh:	Yeah, it's okay. This is the **living room**... Cozy, huh? Big **couch** to watch TV! That's the **kitchen** over there... It's not very big. Just a **table**, a couple of **chairs**... but I have all the pots and pans I need if I'm inspired and want to create a new recipe!.
Javier:	Wow, I see!
Josh:	Those are the **bedrooms** over there, you don't want to see them... They're a **mess**. And that's the **bathroom**... kind of a **mess**, too... **I definitely have to do some cleaning**. **Want** a beer?
Javier:	Um... ok, thanks... Lousy day, isn't it?
Josh:	Yes, awful. And the **weather forecast** said it may **rain** the whole weekend; it might even **snow**. I hate **winter**!
Javier:	Me too. Hey, **whose** basketball is that? Is it **yours**?
Josh:	No, it's not **mine**. **It's** my nephew's. **You wanna** shoot some hoops?
Javier:	What? What do you mean?
Josh:	Oops, sorry. Do you want to play basketball? There's a park round the corner...
Javier:	Sure, sounds good... Let's go....

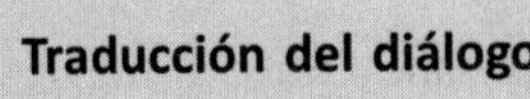

Traducción del diálogo

Josh:	*¡Hola, Javier,* ***entra****!*
Javier:	*Hola, Josh. Sólo pasaba a devolverte los libros de cocina que me prestaste... ¡Guau!, vaya... ¡Qué lindo departamento que tienes aquí!*
Josh:	*Sí, está bien. Ésta es la* ***sala****... Acogedora, ¿no? ¡Gran* ***sillón*** *para mirar televisión! Aquella es la* ***cocina****, allá... No es muy grande. Sólo tiene una* ***mesa****, un par de* ***sillas****... ¡pero tengo todas las ollas que necesito si estoy inspirado y quiero crear una nueva receta!*
Javier:	*¡Guau! ¡Ya veo!*
Josh:	*Aquellos son los* ***dormitorios****, será mejor que no los veas... Son un* ***lío****. Y aquel es el* ***baño****... bastante* ***desordenado*** *también...* ***Tengo que hacer la limpieza,*** *definitivamente. ¿****Quieres*** *una cerveza?*
Javier:	*Eh... bueno, gracias... Qué día tan espantoso, ¿verdad?*
Josh:	*Sí, horrible. Y el* ***pronóstico del tiempo*** *anunció que puede* ***llover*** *todo el fin de semana, hasta puede* ***nevar****. ¡Detesto el* ***invierno****!*
Javier:	*Yo también. ¿****De quién*** *es esa pelota de básquetbol? ¿Es* ***tuya****?*
Josh:	*No, no es* ***mía****. Es* ***de*** *mi* ***sobrino****. ¿****Quieres*** *hacer unos tiros?*
Javier:	*¿Qué? ¿Qué quieres decir?*
Josh:	*Uy, ¡perdón! ¿Quieres jugar al básquetbol. Hay un parque a la vuelta de la esquina...*
Javier:	*Seguro, me parece bien, vamos....*

Say it in English!

Estudiemos en detalle cómo se usan algunas de las expresiones que acabas de leer en el diálogo.

a Cuando **invitas a pasar a alguien**, puedes decir:

Come in!/ **Come on in**!
¡Entra!/¡Pasa!

b Fíjate en estas frases con la palabra **mess** (lío/desorden):

The bathroom is **a mess**.
El baño es un ***lío****.*

What a **mess**!
¡Qué ***lío/desorden****!*

Look at this **mess**!
¡Mira este ***desorden****!*

c Veamos qué se dice cuando **sugieres ordenar un lugar**:

We have to do some **cleaning**!
¡Tenemos que hacer ***la limpieza****!*

We have some cleaning up to do!
¡Tenemos que hacer ***la limpieza****!*

We have to **clean up**!
¡Tenemos que ***limpiar!***

Let's clean up this **mess**!
*¡****Limpiemos*** *este* ***desorden****!*

Let's clean the bedrooms first.
Limpiemos *los dormitorios primero.*

The weather / El tiempo

- Cuando deseas **saber el estado del tiempo**, preguntas:

What's the weather like in Miami today?
*¿**Cómo está el clima** en Miami hoy?*

How's the weather today?
*¿**Cómo está** el clima hoy?*

- Para **hablar sobre el tiempo**, se usa como sujeto el pronombre **it** + el **verbo to be**. Lee estas frases con las que puedes describir el tiempo:

It's hot: *está caluroso.*

It's boiling hot: *está muy caluroso.*

It's warm: *está templado.*

It's cold: *está frío.*

It's freezing: *está muy frío.*

It's chilly: *está demasiado frío.*

It's fair: *está bueno.*

It's fine: *está bueno.*

It's humid: *está húmedo.*

It's damp: *está húmedo.*

It's dry: *está seco.*

It's cloudy: *está nublado.*

It's overcast: *está muy nublado.*

It's rainy: *está lluvioso.*

It's misty: *hay neblina.*

It's foggy: *hay niebla.*

It's sunny: *está soleado.*

It's windy: *está ventoso.*

It's raining: *está lloviendo.*

It's pouring: *está diluviando.*

It's snowing: *está nevando*

Recuerda

En los Estados Unidos, para decir la temperatura se usa el sistema Fahrenheit: 32° Fahrenheit equivalen a 0° Celsius.

The seasons / *Las estaciones*

Winter: *invierno.*

Spring: *primavera.*

Summer: *verano.*

Fall: *otoño.*

Los diferentes grados de formalidad

Cuando hablamos ajustamos nuestro lenguaje a la situación en la que nos encontramos, y usamos palabras y construcciones gramaticales que son características de cada situación. Podemos decir que existen tres clases básicas de inglés:

- El **inglés formal**, que es el que debes usar, por ejemplo, en conversaciones importantes, como una entrevista de trabajo, cuando llamas a una universidad para pedir información, en una reunión importante de trabajo, cuando tratas con cortesía a otra persona que no conoces, etc. También lo usas para escribir cartas comerciales, de presentación, de recomendación, un currículum, un informe, un pedido de información. Demuestra un conocimiento avanzado de estructuras gramaticales y de vocabulario específico.

Por ejemplo: **Would you like** to come to dinner with me?

- El **inglés conversacional** o **informal** es el que se habla cotidianamente, entre conocidos, compañeros de trabajo, familiares y amigos en conversaciones informales. También lo usas cuando envías un *e-mail* o chateas por Internet con estas personas.Si bien se respetan las reglas gramaticales y se usa el vocabulario adecuado, tiene un tono más amistoso.

Por ejemplo: **Do you want** to go out for dinner?

- El **inglés conversacional** o **informal** es el que se habla cotidianamente, entre conocidos, compañeros de trabajo, familiares y amigos en conversaciones informales. También lo usas cuando envías un *e-mail* o chateas por Internet con estas personas.Si bien se respetan las reglas gramaticales y se usa el vocabulario adecuado, tiene un tono más amistoso.

Por ejemplo: **Do you want** to go out for dinner?

- El **inglés más informal** es el que usan los hablantes nativos en una charla entre amigos, en el que no se respetan las reglas gramaticales, se cometen errores, muchas veces a propósito, justamente para crear esta atmósfera amistosa que diferencia a este tipo de lenguaje.

Por ejemplo:
Wanna go eat some pizza?

El inglés que te enseñaremos en el libro es el **inglés formal y el conversacional**. En muchos casos, verás la aclaración formal o informal al lado de una oración, que es el que necesitas para desenvolverte sin problemas en tu vida diaria.

De todas maneras, en esta unidad incluimos algunos ejemplos del inglés más informal.

Si bien no es necesario que uses estas expresiones para comunicarte, reconocerlas te ayudará para poder entender cuando un hablante nativo las use al hablar o cuando las escuches en una canción.

- Una característica común de este lenguaje es la omisión de los auxiliares (do, does, is, are, have, etc.). Veamos algunos ejemplos:

Lenguaje conversacional	Lenguaje más informal
Do you want some pizza.	**Want** some pizza? You guys **want** some pizza?
Are you sure? **Are** you OK? **Are** you alright?	You sure? You OK? You alright?

- Otra característica es que se **contraen algunos verbos** con la partícula **to**:

want to se transforma en **wanna**

going to se transforma en **gonna**

have got to se transforma en **gotta**

have to se transforma **hafta**

Lenguaje conversacional	**Lenguaje más informal**
I want to go home.	I **wanna** go home.
What do you **want to** do now?	What you **wanna** do now?
I'**ve got to** go.	I **gotta** go.
We'**re going to** meet at 5:00.	We'**re gonna meet** at 5:00.
They **have to** know this.	They **hafta** know this.

Grammar Notes

Lee atentamente estos apuntes claros y breves sobre los temas gramaticales que aparecen en el diálogo.

a Otra manera de indicar **posesión o relación de pertenencia**, además del verbo **have** y de los **adjetivos posesivos** que estudiamos en la **Unidad 3**, es el **genitivo**, que se forma agregando **'s** a un sustantivo que se refiere a la persona que posee algo:

Genitivo

Ben **has** a basketball.
Ben's basketball.
La pelota de básquetbol ***de Ben****.*

Pablo **has** a daughter.
Pablo's daughter.
La hija ***de Pablo****.*

Josh **has** an apartment.
Josh's apartment.
El departamento ***de Josh****.*

- Cuando **el plural del sustantivo termina en -s, se agrega el apóstrofo (')** al final de la palabra.

My **brothers** have an apartment.
My brothers**'** apartment.
El departamento ***de mis hermanos****.*

Her **parents** have a car.
Her parents**'** car.
El auto ***de sus padres****.*

- Cuando **el plural del sustantivo es irregular**, **se agrega el apóstrofo (')** + **-s** al final de la palabra.

Those **women** have a car.
Those **women's** car.
El auto ***de aquellas mujeres****.*

The **children** have some toys.
The **children's** toys.
Los juguetes ***de los niños****.*

- Cuando **el nombre termina en -s,** se puede agregar **'s** (apóstrofo + s) o **'** (apóstrofo solamente):

Jame**s's** car o Jame**s'** car
(se pronuncia /**sh**éim**ziz/**)

Josh**'s** apartment
(se pronuncia /**sh**á:*sh***iz**/)

Recuerda

El apóstrofo (') *siempre conecta dos sustantivos en relación de posesión o pertenencia. No debes confundir estas oraciones:*

*David****'s*** *computer.*
La computadora de David.

David *y* ***computer*** *son sustantivos.*

*David****'s*** *here. / David está aquí.*

David *es un sustantivo, pero* ***here*** *es un adverbio que indica lugar. El apóstrofo aquí indica la contracción de* ***is****.*

b Además de los adjetivos posesivos que aprendiste en la **Unidad 3**, también se puede expresar posesión usando los **pronombres posesivos**:

mine: *mío/a míos/as*
yours: *tuyo/a suyo/a*
his: *suyo (de él)*
hers: *suyo (de ella)*
ours: *nuestro/a nuestros/as*
yours: *suyo (de ustedes)*
theirs: *suyo (de ellos/de ellas)*

- Los **pronombres posesivos** se usan para evitar la repetición del sustantivo y, por lo tanto, no están seguidos por un sustantivo. Lee estos ejemplos:

This car is **mine**.
Este auto es ***mío****.*

That book is **yours**.
Aquel libro es ***tuyo/suyo****.*

This apartment is **his**.
Este departamento es ***suyo****. (de él)*

This purse is **hers**.
*Esta cartera es **suya**. (de ella)*

This room is **ours**.
*Esta habitación es **nuestra**.*

Those CDs are **yours**.
*Estos CD son **suyos**. (de ustedes)*

These coats are **theirs**.
*Estos abrigos son **suyos**.
(de ellas/os)*

Recuerda

verbo **to be** contraído
you're (you are): *tú eres o estás*
they're (they are): *ellos son o están*
it's (it is): *eso es o está*

adjetivo posesivo
your: *tu*
their: *su*
its: *su*

pronombre posesivo
yours: *tuyo*
theirs: *suyo*

C Para **preguntar a quién pertenece algo**, se usa **Whose?**
(¿De quién?/¿De quienes?)

- **Whose +** verbo **to be** en **singular**:

Whose is this cell phone?
*¿**De quién** es este celular?*
It's **his**. / *Es **de él**.*

Whose is this scarf?
*¿**De quién** es esta bufanda?*
It's **mine**. / *Es **mía**.*

- **Whose + sustantivo singular +** verbo **to be** en **singular**:

Whose bedroom is that?
*¿**De quién es** esa habitación?*

Whose basketball is that?
*¿**De quién es** ese balón de básquetbol?*

- **Whose +** verbo **to be** en **plural**:

Whose are those CDs?
*¿**De quiénes** son estos CD?*
They're **his**. / *Son **suyos** (de él).*

Whose are these keys?
*¿**De quiénes** son estas llaves?*
They're **hers**. / *Son **suyas** (de ella).*

Whose + sustantivo plural + verbo to be en plural:

Whose glasses are those?
*¿**De quién son** esos anteojos?*

Whose gloves are these?
*¿**De quién son** estos guantes?*

UNIDAD 22

A bad day

Un mal día

UNIDAD 22

A bad day

Un mal día

En esta unidad aprenderás a expresarte con fluidez cuando necesites:

Preguntar si sucede algo malo

Comentar sobre un hecho negativo

Tranquilizar a alguien

Además, te explicaremos de manera simple y clara estos temas gramaticales:

- *uso de* ***be supposed to***
- *el pasado continuo*
- *los pronombres indefinidos*
- *los pronombres reflexivos*
- *uso de* ***very*** *y* ***pretty***

Let's talk!

María está charlando con Chris porque lo ve preocupado. Chris le cuenta que su día no fue muy bueno.

Lee el siguiente diálogo

María:	Hey, Chris. **Aren't you supposed** to be working?
Chris:	Yep, but here I am...
María:	Is **anything** wrong? You look **pretty** mad...
Chris:	Well, actually, I had a **very** bad day... **Everything** went wrong.
María:	Why, what happened?
Chris:	**While I was shaving**, I cut **myself** twice... Then, **while I was drinking a** cup of coffee, I spilled it and burnt **myself**!
María:	Well, you know, if **something** has to go wrong, it will!
Chris:	Wait! That's not **everything**! **When I was leaving** I saw I had a flat tire...
María:	**What a bummer!** So, what did you do?
Chris:	I spent 45 minutes changing it...and then, when I was ready to go, I couldn't find my keys!!!
María:	Jeez, Chris, don't push **yourself** so hard... Take it easy... You'd better relax! Let's watch TV and forget about your day!
Chris:	I wish I could...but I dropped the remote and it broke into pieces!!!
María:	Well, dear, you'd better just go to bed...and try not to have a nightmare!!
Chris:	Very funny!

Traducción del diálogo

María:	*Hola, Chris. ¿**No tendrías** que estar trabajando?*
Chris:	*Sí, pero aquí estoy...*
María:	*¿Sucede **algo**? Pareces **muy** enojado...*
Chris:	*Bueno, en realidad, **tuve** un **muy** mal día... **Todo** me salió mal.*
María:	*¿Por qué, qué pasó?*
Chris:	***Mientras me estaba afeitando**, **me** corté dos veces... Después, **mientras estaba tomando un café**, ¡lo derramé y **me quemé**!*
María:	*Bueno, ya lo sabes, si algo tiene que salir mal, ¡va a salir mal!*
Chris:	*¡Espera! ¡Eso no es **todo**! Cuando me estaba yendo, vi que tenía una llanta ponchada...*
María:	***¡Qué desgracia!** Y entonces, ¿qué hiciste?*
Chris:	*Estuve 45 minutos cambiándola...y después, cuando estaba listo para irme, ¡no pude encontrar mis llaves!*
María:	*Dios mío, Chris, no te exijas tanto... Tómatelo con calma... ¡Será mejor que te relajes! ¡Miremos televisión y olvídate de tu día!*
Chris:	*Ojalá pudiera... ¡pero se me cayó el control remoto y se hizo pedazos!*
María:	*Bueno, querido, será mejor que te vayas a la cama...y ¡trata de no tener una pesadilla!*
Chris:	*¡Muy graciosa!*

Say it in English!

Estudiemos en detalle cómo se usan algunas de las expresiones que acabas de leer en el diálogo.

a Cuándo quieres saber si sucede algo malo, puedes preguntar:

What happens?
¿Qué sucede/pasa?

What happened?
¿Qué sucedió/pasó?

What's wrong?
¿Cuál es el problema?

What's the matter?
¿Cuál es el problema?

What's up?
¿Qué pasa?

What's going on?
¿Qué está pasando?

- Para **comentar sobre algo malo** que ha sucedido, puedes decir:

That's too bad.
¡Qué lástima!

I'm sorry to hear that.
Lamento que haya pasado eso.

What a bummer!
¡Qué desgracia!

How terrible!
¡Qué terrible!

- Cuando quieres que alguien se **tranquilice**, puedes decir:

Take it easy.
Tómalo con calma.

Calm down. / *Cálmate.*

Don't worry.
No te preocupes.

Relax. / *Relájate.*

Chill out. / *Cálmate.*

Grammar Notes

Lee atentamente estos apuntes claros y breves sobre los temas gramaticales que aparecen en el diálogo.

a La frase **be supposed to** significa *tener que, poder, esperar, suponer que.* Se usa para hablar de situaciones que se espera o se supone que deben ser de una manera determinada.

Afirmativo: I'**m** supposed to.
Negativo: You'**re not** supposed to.
Interrogativo**: Are** you supposed to?

- **P**uede usarse para hablar de reglas o formas habituales de hacer las cosas:

You'**re not supposed to** smoke here.
Se supone que no puedes *fumar aquí.*

- Predicciones:

It'**s not supposed to** snow today.

No se espera *nieve para hoy.*

- Comentarios generales de la gente:

Drinking a lot of water **is supposed to be** good for your health.
Se supone que *beber mucha agua es bueno para tu salud.*

- Planes o compromisos:

I'm supposed to be at the office at 9.

Tengo que *estar en la oficina a las 9.*

El tiempo Pasado Continuo / Past Continuous

Este tiempo verbal se forma con el verbo **to be** en pasado + **otro verbo terminado en -ing**.

Oración afirmativa:

I **was working** yesterday at 7.
Yo ***estaba trabajando*** *ayer a las 7.*

Pregunta:

What **were** you **doing** yesterday at 7?
¿Qué ***estabas haciendo*** *ayer a las 7?*

I **was watching** TV.
Estaba mirando *TV.*

Were you **sleeping** yesterday at 10 p.m.?
*¿****Estabas durmiendo*** *ayer a las 10 p.m.?*

Oración negativa:

I **wasn't watching TV**.
Yo no ***estaba mirando*** *televisión.*

Respuesta corta:

Yes, I **was.** / *Sí,* ***lo estaba****.*

No, I **wasn't**. / *No,* ***no lo estaba****.*

- Se usa para describir **una acción que estaba ocurriendo** en un **determinado momento en el pasado**:

I was having a shower at 7.
*Yo me **estaba bañando** a las 7.*

- O cuando **ocurrió otra acción**. El verbo de la otra acción debe estar **en pasado simple** y se usa **when** (junto con el pasado simple) o **while/when** (junto con el pasado continuo) para conectar las oraciones:

I was shaving **when I cut myself.**
*Yo me estaba afeitando **cuando me corté**.*

She came **while I was having dinner**.
*Ella vino **mientras yo estaba cenando.***

- Se usa también para describir **dos acciones que ocurrieron simultáneamente**. En este caso, los dos verbos deben ir en presente continuo y se pueden conectar con **while**:

While I **was watching** TV, Karen **was surfing** the web.
***Mientras** yo **estaba mirando** TV, Karen **estaba navegando** por Internet.*

I **was sleeping while** they **were playing** the game.
*Yo **estaba durmiendo** cuando ellos **estaban jugando** el partido.*

Los pronombres indefinidos **something**, que significa *algo*, y **anything**, que quiere decir *nada* o *algo*, se usan cuando **no se sabe exactamente el nombre de un objeto o su función o no se lo quiere mencionar específicamente**.

- **Something** se usa en oraciones afirmativas:

I have to tell you **something**.
*Tengo que decirte **algo**.*

I need **something** to eat.
*Necesito **algo** para comer.*

- **Anything** se usa para **negar** o **preguntar**:

Is there **anything** new?
*¿Hay **algo** nuevo?*

I don't need **anything** else.
*No necesito **nada** más.*

- Para negar también puede usarse **nothing**. Fíjate que el **verbo** está en **afirmativo**:

There's **nothing** to say.
*No hay **nada** que decir.*

Nothing happened.
*No pasó **nada**.*

C Los pronombres indefinidos **someone/somebody**, que significa *alguien*, y **anyone/anybody**, que quiere decir *nadie*, se usan cuando **no se sabe o no se quiere especificar de qué persona se trata**.

- **Someone/somebody** se usan en **oraciones afirmativas**:

I need **someone** to help me.
*Necesito a **alguien** que me ayude.*

Somebody else is coming.
***Alguien** más viene.*

- **Anyone/anybody** se usan para **negar** o **preguntar**:

Does **anybody** have change, please?
*¿**Alguien** tiene cambio, por favor?*

There isn't **anyone** at home.
*No hay **nadie** en casa.*

- Para negar también puede usarse **no one/nobody**. Fíjate que el **verbo** está en **afirmativo**:

There's **nobody** here.
*No hay **nadie** aquí.*

No one likes this movie.
*A **nadie** le gusta esta película.*

- El pronombre **everything** significa *todo* y se usa la misma forma para las oraciones afirmativas, negativas e interrogativas.

She has **everything** she needs.
*Ella tiene **todo** lo que necesita.*

Have you finished **everything**?
*¿Has terminado con **todo**?*

I can't do **everything**.
*No puedo hacer **todo**.*

Recuerda

Debes usar todos los pronombres indefinidos con un **verbo en singular**.

Everything **is** fine.
Todo **está** bien.

Does anybody **like** yogurt?
¿A alguien le **gusta** el yogur?

Somebody **is** coming.
Alguien **está** viniendo.

- Estudiemos lo pronombres reflexivos **myself**, **yourself**, **himself**, **herself**, **itself**, **ourselves**, **yourselves** y **themselves**. Se usan cuando la acción que indica el verbo se refiere al sujeto. Veamos estos ejemplos.

I cut **myself**.	*Yo **me** corté.*
You cut **yourself**.	*Tú **te** cortaste.*
He cut **himself**.	*Él **se** cortó.*
She cut **herself**.	*Ella **se** cortó.*
It cut **itself**.	*Eso **se** cortó.*
We cut **ourselves**.	*Nosotros **nos** cortamos.*
You cut **yourselves**.	*Ustedes **se** cortaron.*
They cut **themselves**.	*Ellos **se** cortaron.*

- Las formas singulares terminan en **–self** (my**self**, your**self**, him**self**, her**self**, it**self**) y las plurales en **–selves** (our**selves**, your**selves**, them**selves**).

Lee estos ejemplos:

He burnt **himself** with coffee.
Él se *quemó con café.*

She looked at **herself** in the mirror.
Ella se *miró en el espejo.*

I pinched **myself**.
Me *pellizqué.*

They hurt **themselves** in an accident.
Se *lastimaron en un accidente.*

- Éstas son algunas frases comunes que se usan con los pronombres reflexivos:

enjoy yourself/yourselves:
disfrútalo/disfrútenlo.

help yourself:
sírvete/sírvanse (bebida o comida).

d Los adverbios **very** y **pretty** significan *muy* y se usan delante de un adjetivo:

You look pretty **mad.**
Pareces *muy* ***enojado.***

I had a **very** bad day.
Tuve un día ***muy*** *malo.*

That book is **pretty** good.
Ese libro es ***muy*** *bueno.*

This movie isn't **very** interesting.
Esta película no es ***muy*** *interesante.*

UNIDAD 23

How do I open a bank account?

¿Cómo abro una cuenta bancaria?

UNIDAD 23

How do I open a bank account?

¿Cómo abro una cuenta bancaria?

En esta unidad aprenderás a expresarte con fluidez cuando necesites:

Pedir información en un banco

Expresar que puedes hacer algo sin ayuda

Saber las diferentes maneras de pagar por algo

Además, te explicaremos de manera simple y clara estos temas gramaticales:

- *uso de los auxiliares* ***must/have to*** *para obligaciones*
- *uso del auxiliar* ***don't have to*** *para indicar que no es necesario hacer algo*
- *uso de los auxiliares* ***mustn't/can't*** *para expresar prohibición*
- *uso de* ***both... and***
- *los cuantificadores* ***some***, ***all*** *y* ***most***
- *uso del verbo* ***try***

Let's talk!

Pablo está conversando con el contador de la empresa sobre cómo abrir una cuenta bancaria.

Lee el siguiente diálogo

Pablo:	Hi, Brian! I **have to open a bank** account and I just wanted to know how I can do it…
Accountant:	Well, it's **pretty** simple, actually. You can choose any big **bank**, **all of them** offer great services. Just check out their websites, **some of them** even give you a free **maintenance fee** for the first months. You can open **both** a **checking and** a **savings account**. You can either **open an account** just for **yourself** or a **joint account** with your wife.
Pablo:	**Do I have** to go to a **branch** to open my account?
Accountant:	No, you **don't have** to. You can **open an account** online with **most banks**.
Pablo:	**Do I have to give** them any documentation?
Accountant:	Yes, you **must** provide some personal information like your address, phone number, social security number and occupation.
Pablo:	Do I get a **debit card** and a **checkbook**?
Accountant:	Yes, you'll need a **debit card** to **withdraw money** from an **ATM**.
Pablo:	One last question, how can I pay my **bills**?
Accountant:	You can **pay** them **by direct debit**, **online** or **by check**.
Pablo:	OK, I think I got it, I'll open an **account online** right now.
Accountant:	Do you want me to help you?
Pablo:	**I'll try to do** it **by myself**. Thanks a lot, Brian!

Traducción del diálogo

Pablo:	*¡Hola, Brian! **Tengo que abrir una cuenta bancaria** y quisiera saber cómo puedo hacerlo.*
Contador:	*Bueno, es **muy** simple, en realidad. Puedes elegir cualquier **banco** grande, **todos** ofrecen buenos servicios. Revisa sus sitios web, **algunos de ellos** te ofrecen incluso el **manejo de cuenta** gratis durante los primeros meses. Puedes abrir **tanto** una **cuenta corriente como** una **cuenta de ahorros**. Puedes abrir una cuenta sólo para ti o una **cuenta conjunta** con tu esposa.*
Pablo:	*¿**Tengo que** ir a una **sucursal** para abrir la **cuenta**?*
Contador:	*No, no tienes que ir. Puedes **abrir una cuenta** por Internet en **la mayoría de** los **bancos**.*
Pablo:	*¿**Tengo que** darles alguna documentación?*
Contador:	*Sí, **debes** darles cierta información personal como tu dirección, número de teléfono, número del seguro social y ocupación.*
Pablo:	*¿Me dan una **tarjeta de débito** y una **chequera**?*
Contador:	*Sí, necesitarás la **tarjeta de débito** para **extraer dinero** de los **cajeros automáticos**.*
Pablo:	*Una última pregunta, ¿cómo puedo pagar mis **cuentas**?*
Contador:	*Puedes pagarlas por **débito automático**, **por Internet** o con **cheques**.*
Pablo:	*Bueno, creo que entendí, voy a **abrir** una **cuenta** por Internet ya mismo.*
Contador:	*¿Quieres que te ayude?*
Pablo:	***Intentaré hacerlo por mi cuenta**. ¡Muchas gracias, Brian!*

Say it in English!

Estudiemos en detalle cómo se usan algunas de las expresiones que acabas de leer en el diálogo.

a Fíjate en las preguntas que puedes hacer en un banco:

How can I open a bank account?
¿Cómo puedo abrir una cuenta bancaria?

What do I need to apply for an account?
¿Qué necesito para solicitar una cuenta?

Can I apply online?
¿Puedo solicitarla por Internet?

What's the required initial deposit?
¿Cuál es el depósito inicial requerido?

How much is the accounts fee?
¿Cuáles son las cuotas de la cuenta?

Do you have online banking services?
¿Tienen servicios bancarios por Internet?

What are the maintenance fees?
¿Cuáles son las cuotas por manejo de cuenta?

What's the limit for money transfers?
¿Cuál es el límite para las transferencias?

How can I pay my bills?
¿Cómo puedo pagar mis cuentas?

b Cuando quieres expresar que puedes hacer algo **por tus propios medios**, sin ayuda de otra persona, puedes usar estas frases:

by myself	on my own
I can do it **by myself.** *Lo puedo hacer* ***yo solo/ por mis propios medios.***	I did it **on my own.** *Lo hice* ***yo sola/por mis propios medios.***

Según la persona, podrás usar:

by himself/herself (él solo/ella sola)

by yourself (tú solo/sola)

by ourselves (nosotros solos/nosotras solas)

by themselves (ellos solos/ellas solas)

on his/her own (por sus propios medios)

on your own (por tus propios medios)

on our own (por nuestros propios medios)

on their own (por sus propios medios)

I opened an account **by myself**.
Abrí una cuenta ***por mis propios medios.***

She made dinner **by herself**.
Hizo la cena ***sola.***

He traveled around Europe **by himself**.
Viajó por Europa ***solo.***

c Fíjate el uso de **pay** + la preposición **by** para decir las diferentes formas de pagar:

You can **pay by**	phone.	*Puede **pagar***	*por teléfono.*
	check		*con cheque*
	credit card		*con tarjeta de crédito*
	direct debit		*con débito automático*
	debit card		*con tarjeta de débito*

Grammar Notes

Lee atentamente estos apuntes claros y breves sobre los temas gramaticales que aparecen en el diálogo.

a Cuando necesitas expresar que **es necesario u obligatorio hacer algo**, sobre todo en el **lenguaje escrito**, o cuando se trata **de leyes**, **reglamentos o señales**, se usa el auxiliar **must**:

You **must** prove your identity to open an account.
*Tú **debes** dar prueba de tu identidad para abrir una cuenta.*

You **must** provide the necessary documents.
***Debes** presentar los documentos necesarios.*

En el lenguaje oral, es más común el uso de **have to**:

You **have to** prove your identity to open an account.

You **have to** provide the necessary documents.

- Cuando quieres expresar que **no es necesario** hacer algo, debes usar **don't /doesn't have to +** verbo en infinitivo:

You **don't have to** go to the bank to open an account. You can open it online.

No tienes que *ir al banco para abrir una cuenta. Puedes abrirla por Internet.*

I **don't have to** pay the bills. My wife pays them.

No tengo que *pagar las cuentas. Mi esposa las paga.*

You **don't have to** deposit any money to open an account.

No tienes que *depositar dinero para abrir una cuenta.*

- Cuando se debe expresar una **prohibición**, se usa **must not** o la forma contraída **mustn't.**

You **mustn't** park here.
No debes *aparcar aquí.*

You **mustn't** drive without the license.
No ***debes*** *conducir sin la licencia.*

- Cuando hablamos, podemos usar también **can't** para expresar **prohibición**:

You **can't** smoke here.
No puedes *fumar aquí.*

En la **Unidad 10** estudiamos el uso de **both**, cuando significa *ambos/ambas.* Ahora veremos el uso de **both... and,** que significa *tanto... como* e indica que estoy hablando de **dos cosas** o **personas juntas**.

You can open **both** a checking **and** a savings account.
*Puedes abrir **tanto** una cuenta corriente **como** una cuenta de ahorros.*

You can open an account for **both** you **and** your wife.
*Puede abrir una cuenta **tanto** para usted **como** para su esposa.*

Recuerda que el verbo debe ir en **plural**:

Both my brother **and** his wife **are** accountants.
***Tanto** mi hermano **como** su esposa **son** contadores.*

Both my mother **and** my father **have** blue eyes.
***Tanto** mi madre **como** mi padre **tienen** ojos azules.*

También puede usarse **both** solo + **un sustantivo en plural**. En este caso, significa *ambos* o *ambas*:

You can pay **both bills** online.
*Puedes pagar **ambas cuentas** por Internet.*

Both banks are good.
***Ambos bancos** son buenos.*

c Leamos estas frases que se usan cuando necesitamos **cuantificar** algo:

some banks *(algunos bancos)* **some of the banks** *(algunos de los bancos)* **some of** them *(algunos de ellos)*
all the banks *(todos los bancos)* **all of** the banks *(todos los bancos)* **all of** them *(todos ellos)*
most banks *(la mayoría de los bancos)* **most of** the banks *(la mayoría de los bancos)* **most of** them *(la mayoría de ellos)*

d El verbo **try** significa *intentar o tratar de hacer algo.* Lee estos ejemplos de oraciones afirmativas y negativas:

I'll **try** to open an account. ***Trataré** de abrir una cuenta.*
We'll **try** to pay our bills online. ***Trataremos** de pagar las cuentas por Internet.*
Try not to tell him. ***Trata** de no decirle.*
Try not to worry. ***Trata** de no preocuparte.*

UNIDAD 24

Are you ready for the tour?

¿Estás lista para el tour?

UNIDAD 24

Are you ready for the tour?

¿Estás lista para el tour?

En esta unidad aprenderás a expresarte con fluidez cuando necesites:

Expresar sorpresa

Saber los números del 1000 al 1,000,000

Aprender el uso del verbo **allow**

Además, te explicaremos de manera simple y clara estos temas gramaticales:

- *frases de confirmación;*
- *preposiciones de lugar.*

Let's talk!

El Dr. Ross invitó a **Mónica** a caminar por Central Park.

Lee el siguiente diálogo

Dr. Ross:	Well, here we are! Are you ready for the best guided tour of Central Park?
Mónica:	Yes, I am! **How incredible!** I had no idea it was so big!
Dr. Ross:	Well, yes, it's 51 blocks long...
Mónica:	**Wow!**
Dr. Ross:	There are 275 species of birds, 26,000 trees, a bunch of different kinds of animals, and about 25 million people come here every year...
Mónica:	**No kidding!** You know everything about this park, **don't you?**
Dr. Ross:	Um... yes... You can even get married here!
Mónica:	**I don't believe you!**
Dr. Ross:	And the interesting thing is that this park is totally man-made... It was originally a swamp...
Mónica:	**Who could have guessed!**
Dr. Ross:	There is a wonderful zoo down there, a castle **on top of** that rock. **Below** the castle there is a pond, with turtles... **In the middle of** the park there's an open air theatre... And, there's a terrace **above** the biggest lake, with a beautiful fountain **in the center**...
Mónica:	And there are dogs everywhere... I'm... you know... afraid of dogs...
Dr. Ross:	Don't worry, they have to be leashed almost everywhere, and **they're not allowed** in certain places... Hey, you're a bit tired, **aren't you**?
Mónica:	No, I'm not tired... I'm a little thirsty... actually.
Dr. Ross:	I know the perfect place for a drink... Follow me!

Traducción del diálogo

Dr. Ross:	*Bueno, ¡acá estamos! ¿Estás lista para el mejor tour guiado de Central Park?*
Mónica:	*¡Sí, claro! **¡Qué increíble!**... ¡No tenía idea de lo grande que era esto!*
Dr. Ross:	*Bueno, sí, tiene 51 cuadras de largo...*
Mónica:	***¡Guau!***
Dr. Ross:	*Hay 275 especies de pájaros, 26,000 árboles, un montón de clases diferentes de animales y alrededor de 25 millones de personas lo visitan cada año...*
Mónica:	*¿**En serio**? Sabes todo sobre este parque, **¿no?***
Dr. Ross:	*Eh... sí... ¡Hasta te puedes casar aquí!*
Mónica:	***No te creo**.*
Dr. Ross:	*Y lo interesante es que este parque es totalmente artificial... Originalmente era un pantano...*
Mónica:	***¡Quién lo hubiera dicho!***
Dr. Ross:	*Hay un hermoso zoológico allá abajo, un castillo **sobre** aquella roca. **Debajo** del castillo, hay una laguna con tortugas... **En medio** del parque hay un teatro a cielo abierto... Y hay una terraza **arriba** del lago más grande, con una hermosa fuente **en el centro**.*
Mónica:	*Y hay perros por todos lados... Sabes, yo le tengo miedo a los perros...*
Dr. Ross:	*No te preocupes, tienen que estar con su correa en casi todos lados y **no se les permite** entrar en algunos lugares... Oye, estás un poco cansada, **¿verdad?***
Mónica:	*No, no estoy cansada... Tengo un poco de sed... en realidad.*
Dr. Ross:	*Conozco el lugar perfecto para tomar un trago... ¡Ven conmigo!*

Say it in English!

Estudiemos en detalle cómo se usan algunas de las expresiones que acabas de leer en el diálogo.

 Para expresar **sorpresa**, puedes usar estas frases:

No kidding!
En serio?

Oh my God!
¡Dios mío!

I don't believe you!
¡No te creo!

I can't believe it!
¡No puedo creerlo!

Who would have imagined!
¡Quién lo hubiera imaginado!

Who could have guessed!
¡Quién lo hubiera adivinado!

Seriously? / *¿De verdad?*

No way! / *¡No es posible!*

 También puedes usar estas expresiones con **How**:

How amazing!
¡Qué sorprendente!

How terrific!
¡Qué fantástico!

How incredible!
¡Qué increíble!

How wonderful!
¡Qué maravilloso!

How cool! / *¡Qué genial!*

C Veamos cómo leer los números del **1000** al **1,000,000,000**:

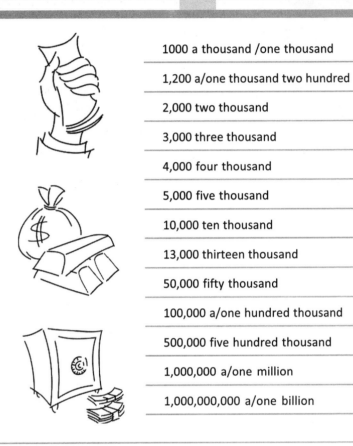

1000 a thousand /one thousand

1,200 a/one thousand two hundred

2,000 two thousand

3,000 three thousand

4,000 four thousand

5,000 five thousand

10,000 ten thousand

13,000 thirteen thousand

50,000 fifty thousand

100,000 a/one hundred thousand

500,000 five hundred thousand

1,000,000 a/one million

1,000,000,000 a/one billion

- **Million** y **billion** se pueden abreviar de esta manera:

1 million: **1m**. US$ 1 m.

2 billion: **2bn** US$ 2 bn.

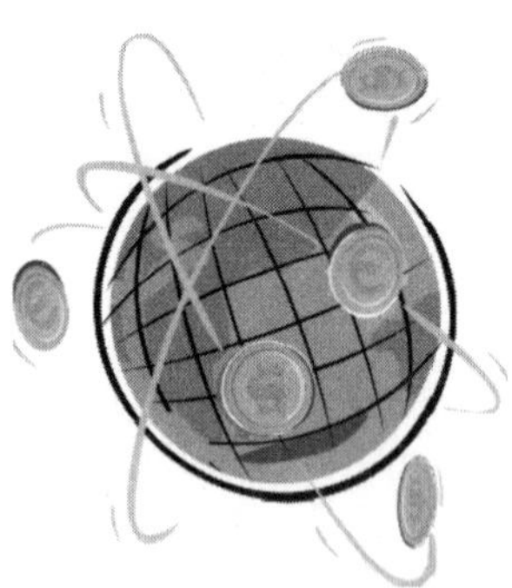

- Veamos cómo se leen estos números. Se dicen muy parecido al español.

1345: one **thousand** three **hundred** forty-five

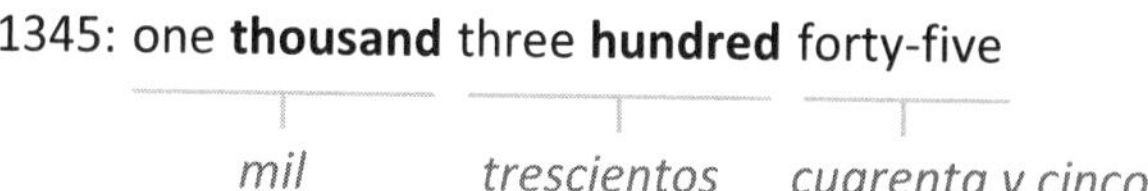

4598: four **thousand** five **hundred** ninety-eight

45, 000: forty-five **thousand**

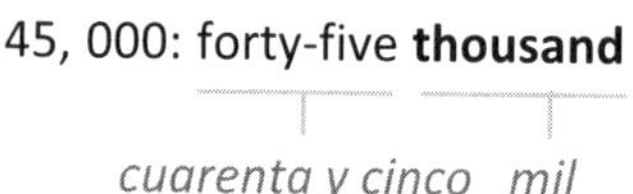

87, 621: eighty-seven **thousand** six **hundred** twenty-one

140, 000: one **hundred** forty **thousand**

395, 967: three **hundred** ninety-five **thousand** nine **hundred** sixty-seven

trescientos *noventa y cinco* *mil* *novecientos* *sesenta y siete*

1, 230, 000: one **million** two **hundred** thirty **thousand**

un millón *doscientos* *treinta mil*

Recuerda

En los Estados Unidos, **un billón** equivale a **mil millones**.

d Para decir que algo **está permitido o no**, se usa el verbo **allow**:

You're **allowed to** ride your bicycle here.
Está permitido *andar en bicicleta por aquí.*

Dogs **are not allowed** in this area.
No se permiten *perros en esta zona.*

Grammar Notes

Lee atentamente estos apuntes claros y breves sobre los temas gramaticales que aparecen en el diálogo.

a En español, cuando quieres que la persona con la que estás hablando confirme algo que estás diciendo, dices **¿verdad?** o **¿no?, ¿no es así?** al final de la frase, ya sea que hables en presente, pasado o futuro.

Estás un poco cansada, **¿verdad?**
¿no?
¿no es así?

- En inglés, no es tan simple. Para pedir confirmación, debes **repetir el pronombre y** el verbo **to be o el auxiliar al final de la oración**. Veamos un ejemplo:

You are tired, **aren't you**?
Estás cansada, ***¿no?***

You don't like Central Park, **do you**?
No te gusta el Central Park, ***¿verdad?***

- Fíjate que si el verbo está en **afirmativo**, la **confirmación** se hace en **negativo**:

You are tired, **aren't you**?

Verbo en afirmativo — pregunta en negativo

- En cambio, si el **verbo** está en **negativo**, la **confirmación** se hace en **afirmativo**:

You don't like Central Park, **do you**?

Verbo en negativo — pregunta en afirmativo

- En oraciones que tienen el verbo **to be**, se repite el **pronombre y el verbo** (en presente o pasado):

She is walking around the park**, isn't she?**
*Ella está caminando por el parque, ¿**no?***

You weren't very tired, **were you?**
***No estabas** muy cansada, ¿verdad ?*

- Con todos los **demás verbos** se repite el **auxiliar que corresponda** (del presente, pasado o futuro) y el **pronombre**. **Nunca debes repetir el verbo.**

*A él le encanta Central Park, **¿no?***
He loves Central Park, **doesn't he**?

Verbo en presente simple — auxiliar del presente simple

*Él no la invitó, ¿**no**?*
He didn't invite her, **did he?**

Verbo en pasado simple — auxiliar del pasado simple

Él se perderá** el show, **¿no?
He will miss the show**, won't he?**

Verbo en futuro simple — auxiliar del futuro simple

Podría** llamarla, **¿verdad?
I could call her**, couldn't I?**

auxiliar afirm. auxiliar neg.

***Deberías** irte, ¿no?*
You **should** go, **shouldn't** you?

auxiliar afirm. auxiliar neg.

- Para **responder** puedes usar una respuesta corta repitiendo el verbo **to be** + el auxiliar en afirmativo o negativo según sea el caso:

You are tired, **aren't you**?
***Estás** cansado, ¿**no**?*

Yes I **am**./No I'm **not**.
*Sí, lo **estoy**. / No, **no lo estoy**.*

You don't like Central Park, **do you**?
***No te gusta** Central Park, ¿**verdad**?*

Yes I **do**./No, I **don't**.
*Sí, **me gusta**. / No, **no me gusta**.*

He loves Central Park, **doesn't he**?
***A él le gusta** Central Park, ¿**no**?*

Yes, he **does.** / No, he **doesn't**.
*Sí, **le gusta**. / No, **no le gusta**.*

He didn't invite her, **did he?**
***Él no** la invitó, ¿**verdad**?*

Yes, he **did**/No, he **didn't**.
*Sí, **lo hizo**. / No, **no lo hizo**.*

Estudiemos las siguientes **preposiciones que indican posición**:

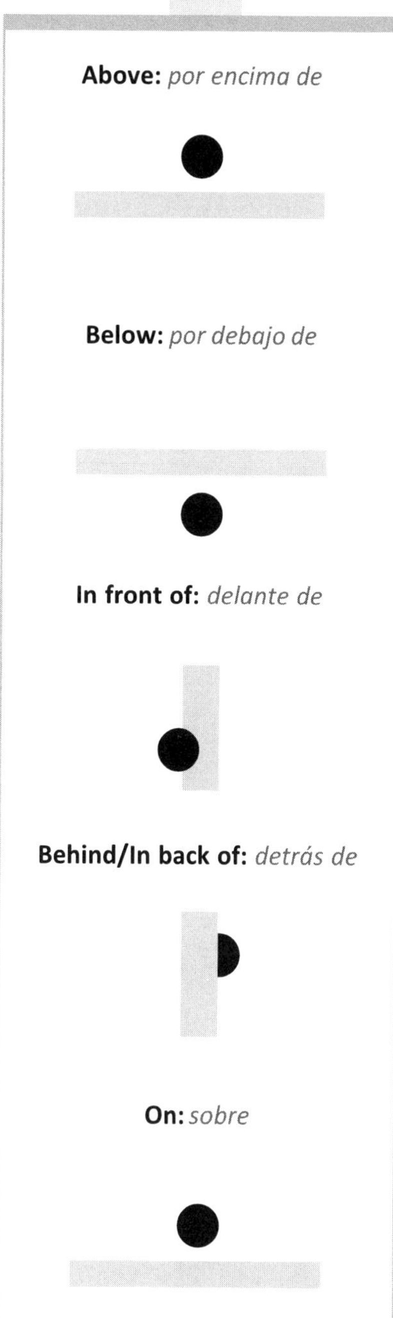

Above: *por encima de*

Below: *por debajo de*

In front of: *delante de*

Behind/In back of: *detrás de*

On: *sobre*

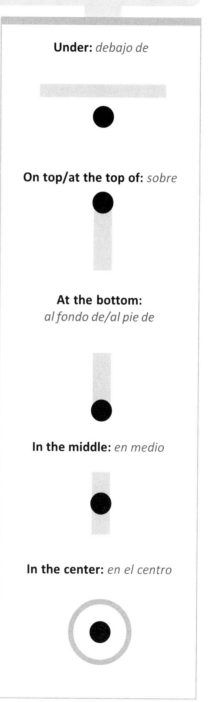

Under: *debajo de*

On top/at the top of: *sobre*

At the bottom: *al fondo de/al pie de*

In the middle: *en medio*

In the center: *en el centro*

- Lee estos ejemplos:

There is a castle **on top of** that rock.
*Hay un castillo **sobre** aquella roca.*

Below the castle, there is a pond.
***Debajo** del castillo, hay un estanque.*

It has a beautiful fountain **in the center**.
*Tiene una fuente hermosa **en el centro**.*

There's an open air theatre **in the middle of** the park.
*Hay un teatro al aire libre **en medio** del parque.*

Behind the theatre there is a café.
***Detrás del** teatro, hay un café.*

In front of the café there is a museum.
***En frente del** café, hay un museo.*

There's a terrace **above** the lake.
*Hay una terraza **sobre** el lago.*

There are a lot of birds **on** the trees.
*Hay muchos pájaros **sobre** los árboles.*

There's a squirrel **under** that bench.
*Hay una ardilla **debajo de** aquel banco.*